AF619540

CAVEIRA
OPERAÇÕES POLICIAIS ESPECIAIS

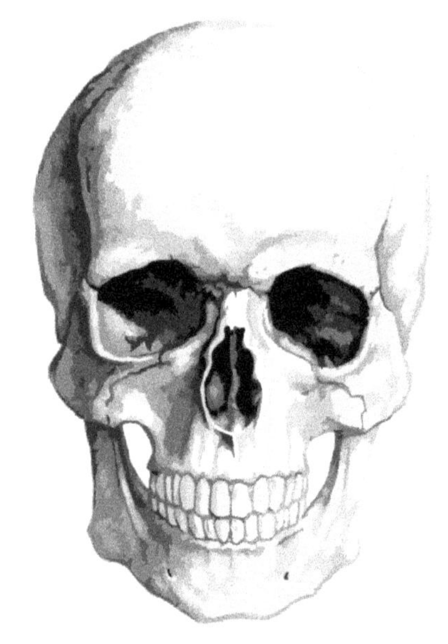

LUCIUS PAULO DE CARVALH0
2021

CAVEIRA
Operações Policiais Especiais

Projeto Gráfico/Editoração
Rogério Junkes

Revisão
Vera Lúcia Andrade Bahiense

Capa
Lucius Paulo de Carvalho

Apoio Cultural
Associação de Oficiais da Polícia Militar e do
Corpo de Bombeiros Militar de Santa Catarina - **ACORS**
e Academia de Letras dos Militares Estaduais de Santa Catarina - **ALMESC**

C331c CARVALHO, **Lucius Paulo de.**
Caveira: operações policiais especiais. / Lucius Paulo de Carvalho. Florianópolis: Autor Independente, 2021.
228 p. : 2200KB. PDF.

Bibliografia: p. 212 a 217.
ISBN 978-65-00-22995-0

1. Segurança Pública. 2. BOPE. 3. Caveira. 4. Operações Policiais Especiais. I. CARVALHO, Lucius Paulo de. II. Título.

CDD: 363.2

Ficha catalográfica elaborada por Dilva Páscoa De Marco Fazzioni - CRB: 14/636 e Luciana Mara silva - CRB: 14/948. Biblioteca do CEPM (Cap. Osmar Romão da Silva).

Como referenciar esta publicação:

CARVALHO, Lucius Paulo de. **Caveira:** operações policiais especiais. Florianópolis: Autor Independente, 2021.

Dedico esta obra aos Caveiras, soberanos guerreiros do Brasil, em particular aos Caveiras Cobra, os operadores especiais de Santa Catarina, e aos Caveiras do Gelo, origem da minha forja.

LUCIUS PAULO DE CARVALHO

Currículo Lattes: http://lattes.cnpq.br/0085305148176176

Tenente-Coronel da Polícia Militar de Santa Catarina, Comandante do Batalhão de Operações Policiais Especiais - BOPE. Especialista em Operações Especiais (Rio Grande do Sul/2011), Ações Táticas Especiais (São Paulo/2010), Técnico Explosivista (Mato Grosso/2013), Operações Urbanas (Argentina/2015), Terrorismo (Itália/2019) e Negociação Policial (França/2019). É Mestrando Acadêmico em Administração (ESAG/UDESC), Pós-graduado em Administração de Segurança Pública com ênfase na atividade Policial Militar (UDESC/2016) e em Gestão e Educação (UNIASSELVI/2010). Bacharel em Direito (UNIBAN/2011), Bacharel em Segurança Pública (UNIVALI/2007) e Curso de Formação de Oficiais (PMSC/2007). Tem experiência na área de Administração Pública nos temas relacionados à segurança pública e operações especiais, com atuação em ocorrências de alto risco e gerenciamento de crises no cenário catarinense. Professor na Faculdade da Polícia Militar de Santa Catarina nos cursos de Bacharelado em Ciências Policiais, Superior de Tecnologia de Segurança Pública e Especialização Lato Sensu em Processos Gerenciais da Segurança Pública. Faixa Preta de Jiu Jitsu pela Equipe Wado De La Riva/CT BOPE (2021).

E-mail: luciuscarvalho@gmail.com
Instagram:

"A felicidade se encontra entre as coisas de valor inestimável e completas".

Aristóteles (384 a.C.-322 a.C.) – Ética a Nicômaco.

SUMÁRIO

PREFÁCIO

A Polícia Militar de Santa Catarina - PMSC oferta diversos cursos que habilitam o policial militar a atender ocorrências de alta e de altíssima complexidade, isto é, aquelas que exigem uma resposta assertiva, observados os preceitos legais vigentes. Destacam-se aqueles elencados na Diretriz de Procedimento Permanente n.º 42/2014, que trata do emprego do Batalhão de Operações Policiais Especiais – BOPE e, dentre eles, o Curso de Táticas Policiais – CTP, que habilita o policial a compor uma guarnição do Pelotão de Patrulhamento Tático. Um número muito pequeno do efetivo policial acaba sendo voluntário para frequentar um curso dessa natureza, seja em razão da sua alta intensidade ou pela extensa carga horária, principalmente a não curricular. Uma vez formado, o policial passa a ser conhecido como Taticano.

Com uma duração ainda maior, tem-se o Curso de Ações Táticas Especiais – CATE, que forma os Combatentes Urbanos ou Cateanos, como são conhecidos. Nesse universo de profissionais extremamente capacitados, pairam aqueles que, em vida, são conhecidos por Caveira, combatentes submetidos, por longos meses, a elevados níveis de estresse físico e psicológico, tudo isso oportunizado pelo maior evento do BOPE, o Curso de Operações Especiais – COEsp.

É importante pontuar que para entregar a carcaça em um Curso de Operações Especiais promovido pela PMSC, não se exige como pré-requisito a frequência e conclusão do CTP ou do CATE. Porém, conforme será abordado no capítulo que trata da preparação para o COEsp, é interessante, sim, termos alguma vivência pretérita em um curso tido "de ralo", no qual a fadiga e o desconforto estejam constantemente presentes.

Formar-se em qualquer um desses cursos pode ser encarado como um dos maiores desafios no âmbito da capacitação profissional de um policial. Sendo assim, o que diríamos de alguém que não possui apenas um, mas, sim, os três – o Curso de Táticas Policiais, o

Curso de Ações Táticas Especiais e o Curso de Operações Especiais?

Pois então, o Tenente-Coronel da PMSC Lucius Paulo de Carvalho, autor desta grandiosa obra, figura entre os poucos policiais que detém as três habilitações, além de outras. Tal marca é ainda mais significativa e chancelada pelo fato de ele estar lotado, há mais de dez anos no BOPE, atualmente na condição de comandante.

O Tenente-Coronel Lucius, em 2021, ano em que completa uma década de exclusiva e ininterrupta atuação junto ao Batalhão de Operações Policiais Especiais, nos presenteia com esta instigante, reveladora e distinta obra literária. Vale frisar que não são apenas dez anos servindo no BOPE, são também dez anos instruindo, treinando, operando, edificando e consolidando, dia após dia, a doutrina das Operações Especiais – OE. No âmbito do BOPE, ministrando instruções nos Cursos de Formação e Aperfeiçoamento da PMSC, frequentando cursos no Brasil e no exterior, ou neles palestrando, o Tenente-Coronel Lucius sempre se mostrou, e continua se mostrando, um entusiasta de tudo aquilo que permeia o peculiar mundo das OE.

Costumo dizer que o Tenente-Coronel Lucius é a personificação da Caveira, tamanho é o seu comprometimento com as Operações Especiais. Assim, aqueles que até hoje não tiveram o prazer de com ele conviver, terão aqui a oportunidade ímpar de conhecer toda a sua ilibada trajetória profissional - daquele paisano aluno universitário, que optou por ingressar na PMSC, ao hoje, único e eterno, Caveira do Gelo 27.

Não me restam dúvidas de que a publicação deste livro garante que as ideias, os pensamentos e, principalmente, as ações aqui apresentadas fiquem imortalizadas, pois o impecável recorte histórico, e o registro da vivência profissional do moralizado Caveira do Gelo 27, evidenciam-se como um referencial teórico de elevadíssima singularidade no campo das Operações Policiais Especiais.

Caveeeeeeeeeeeira!!!

Ronaldo Valdemiro Coelho
Tenente-Coronel da Polícia Militar de Santa Catarina
Caveira 08/2009

1 INTRODUÇÃO

A inspiração para escrever sobre operações policiais especiais surgiu em comemoração a uma década de serviços prestados, ininterruptamente, no Batalhão de Operações Policiais Especiais – BOPE de Santa Catarina, e à recordação do rito de passagem para minha transformação no "Caveira do Gelo 27", após concluir o Curso de Especialização em Operações Especiais (CEOE) da Brigada Militar do Rio Grande do Sul.

Ao ingressar na Polícia Militar de Santa Catarina, em 2004, descobri no primeiro momento que havia nascido para servir e proteger, vislumbrando o desenvolvimento da minha carreira essencialmente na atividade finalística da preservação da ordem pública, razão de existir de nossa instituição. É indubitável que os Caveiras são os expoentes da atividade fim, operacional, e tornar-me um deles era algo que me inquietava. À época, os Caveiras eram policiais raros, pois houve apenas três edições de COEsp, em 1995, 2000 e 2001. Quando vistos, pareciam seres míticos, predominantes, invencíveis.

Hoje, o perfil do Caveira faz parte da cultura brasileira e é sinônimo de pessoas extraordinárias, fora do comum, acima da média. Quando alguém afirma: "esse cara é caveira", referindo-se não ao policial militar cursado, mas a um vendedor, um prestador de serviço, um motorista ou qualquer outra profissão, significa que são excepcionais no que fazem. São pessoas arrojadas, corajosas.

A presente obra constitui um apanhado doutrinário das operações especiais, com conhecimentos compilados durante o tempo que despendi na preparação das ocasionais aulas de teoria geral das operações especiais às turmas de 2014, 2016 e 2019, acrescido das minhas experiências na qualidade de pretenso aluno, professor e operador. Meu objetivo é incentivar que mais policiais militares busquem a tão sonhada "Caveira", símbolo de honra e de filosofia de vida, além de servir de base literária para futuros trabalhos científicos, haja vista o pequeno número de publicações que tratam das operações policiais especiais. É perceptível, em todo o Brasil, a queda de candidatos inscritos nos Cursos de Operações Especiais, assim como, proporcionalmente, é cada vez menor o número de concludentes. Certamente um fenômeno a ser pesquisado.

Dividido em quatro partes, o livro traz na **primeira seção** as origens das operações especiais, com base no processo de formação dos antigos guerreiros e suas características de combate, tais como espartanos, romanos, vikings, samurais, entre outros. Sabe-se que tribos, nações e impérios, por milhares de anos, buscaram a criação dos soldados de elite e a institucionalização desse processo é marcada pelas operações especiais nas Forças Armadas, a partir da 2ª Guerra Mundial com os feitos dos Comandos britânicos. No Brasil, os primeiros Caveiras surgem nos Comandos do Exército Brasileiro que, na década de 70, capacitaram um efetivo policial militar, o embrião para a posterior fundação do Batalhão de Operações Policiais Especiais do Estado do Rio de Janeiro - BOPE. Este, por sua vez, foi o berço das operações policiais especiais de outras Polícias Militares, como a de Santa Catarina, que formou, em 1995, sua 1ª geração dos Caveiras Cobra. Os estudos realizados pelo francês Éric Denécé, o americano James F. Dunnigan, o britânico Peter Young e os brasileiros Paulo Storani e Marcelo Garcia (Caveira do Gelo 81) são as principais bases doutrinárias para a construção desse "estado da arte", que demonstra a origem das operações especiais militares e policiais.

A **segunda seção** mergulha nas características do Curso de Operações Especiais, em peculiar o de Santa Catarina, abordando o ambiente de treinamento, a numeração dos alunos, a fiscalização das rotinas, a formação das cangas, a composição do turno, o ritual de desistência, o cemitério etc. O recorte do curso é dado a partir da experiência como coordenador, ou seja, o **lado liso da prancheta** e, também, a partir da perspectiva do aluno, o **lado rugoso da pranche-**

ta, expressão das operações especiais que fazem analogia deste para o corpo discente e daquele para o corpo docente.

A **terceira seção** formaliza importantes aspectos doutrinários das operações policiais especiais, os quais são relativamente escassos na neófita ciência policial brasileira. Tem-se como fundamento ocorrências de alto risco como as de refém localizado, suicida armado, incidentes com bombas e explosivos, roubo a instituições financeiras no estilo Novo Cangaço/Domínio de Cidades, e o combate às facções criminosas.

Por fim, a **quarta seção** apresenta uma seleção pessoal com ocorrências de operações policiais especiais vividas como operador do BOPE de SC ao longo de dez anos, com a finalidade de demonstrar as dificuldades, as estratégias e a perseverança em buscar as respostas mais adequadas à sociedade catarinense, mesmo com o risco da própria vida.

Aproveito para registrar, de forma clara e evidente, que no BOPE nunca se diz "eu fiz isso, fiz aquilo", jamais! Tudo o que realizamos é fruto de um trabalho de equipe. O Caveira confia ao seu grupo e ao guerreiro que está ao seu lado aquilo que é o seu bem mais valioso: a própria vida. Isso nos torna fraternos e fortes, prontos para cumprir qualquer missão.

Uma das características das operações especiais é a mítica, o desconhecido para o mundo convencional. Nesse sentido, enfatizo que o cerne do que está aqui publicado foi apenas organizado conforme a minha percepção, pois as principais informações foram extraídas de fontes públicas, presentes em livros, dissertações, reportagens e revistas de todo o mundo. Além disso, vivemos na era da informação em que a internet viabiliza o acesso ao conhecimento por diversas formas, dentre as quais, as redes sociais. Em pesquisa rápida, pouco aprofundada, qualquer interessado pode localizar vídeos institucionais com *highlights* do início, meio e fim de cursos operacionais; matérias jornalísticas com informações preciosas produzidas por grandes redes de televisão; diversos perfis oficiais, pessoais ou comerciais em redes sociais como YouTube, Instagram, Facebook, Twitter etc., com diversos conteúdos esclarecedores sobre a rotina das unidades, seleção e treinamento. A propósito, não é diferente o acesso às mesmas informações para as maiores unidades de operações especiais do mundo como SAS, SEALs, *Green Berets*, Delta Force e congêneres.

O passar dos anos aperfeiçoa os processos. A renovação dos grupos de operações policiais especiais por meio dos Caveiras novatos, somada às tradições dos Caveiras veteranos, faz com que o rigor seletivo seja sempre constante e tecnicamente mais refinado a cada curso. Por isso, fica o recado: vá e vença, Caveira!

2 OPERAÇÕES ESPECIAIS: AS ORIGENS

"Viva sua vida de forma que o medo da morte nunca possa entrar em seu coração. [...] Prepare uma canção fúnebre nobre para o dia quando você atravessar a grande passagem. [...] Quando chegar sua hora de morrer, não seja como aqueles cujos corações estão preenchidos de medo da morte, e que quando a hora deles chega, eles choram e rezam por um pouco mais de tempo para viverem suas vidas novamente de uma forma diferente. Cante sua canção de morte e morra como um herói indo para casa".

Tecumseh (1768-1813) - Shawnee War Chief.

Quando falamos de operações especiais, retratamos pequenos efetivos rigorosamente selecionados, altamente treinados, armados e equipados com o que de melhor existe (ou o que se pode conseguir) para o cumprimento de missões extraordinárias, quase impossíveis ao senso comum. Esses homens, dependendo do ponto vista, são considerados super soldados, às vezes heróis e, por que não, super-heróis?

Entretanto, diferente dos personagens do cinema ou histórias em quadrinhos, esses seres humanos não têm superpoderes, habilidades sobrenaturais, velocidade da luz, invulnerabilidade, capacidade de moldar realidades e, menos ainda, fortuna e capa. Tais guerreiros são pessoas normais e com problemas comuns, mas capazes de cumprir missões incríveis surgindo de qualquer lugar, seja pela terra, pela água ou pelo ar, movendo-se com muita velocidade, invadindo mentes, inquietando ou promovendo confusão no adversário, moldando realidades e retornando às suas famílias quase sempre inquebrantáveis e, ainda, com o compromisso de ter de pagar as suas contas. Eis que se revela, portanto, a pergunta chave para o presente estudo: como é possível homens comuns cumprirem missões inacreditáveis?

Para elucubração de tal resposta, nada mais conveniente que uma breve viagem pela história.

2.1 DA ANTIGUIDADE À SEGUNDA GUERRA MUNDIAL

É na Bíblia Sagrada, o livro dos livros, que encontramos o registro do que é considerada a primeira seleção e missão de operações especiais. Nada mais conveniente, pois não há operador tupiniquim que não acredite em Deus. Prova disto, é que nossas principais orações iniciam com uma súplica ao divino, seja a das Operações Especiais: "Ó poderoso Deus, que és o autor da liberdade e o campeão dos oprimidos, escutai a nossa prece"; seja a da Caveira: "Só peço a ti meu Deus, não me deixe perecer".

Retornando à sagrada escritura, encontramos no Velho Testamento, em Juízes – Capítulo 7, a maneira pela qual Gideão, com apenas trezentos homens, venceu o exército dos midianitas. Naquela época, o povo de Israel estava sendo explorado e escravizado pelos midianitas, tendo os israelitas clamado ao Senhor pela libertação. Foi nesse contexto histórico que um Anjo encarregou Gideão de liderar o exército de Israel contra seus algozes. Gideão convocou um exército com as tribos locais, somando 32 mil homens. Antes da batalha, Deus disse a Gideão que o exército de Israel era muito grande e que o povo poderia sentir orgulho disso, gerando a impressão de que a vitória seria decorrente desse número e não da vontade divina. Então, o Senhor lhe ordenou que mandasse os covardes embora, reduzindo o exército para 10 mil homens:

> E disse o Senhor a Gideão: Muito é o povo que está contigo, para eu dar aos midianitas em sua mão; [...] Agora, pois, apregoa aos ouvidos do povo, dizendo: quem for medroso e tímido, volte, e retire-se apressadamente das montanhas de Gileade. Então voltaram do povo vinte e dois mil, e dez mil ficaram (BÍBLIA, Juízes, 7, 2-3).

Deus dá nova orientação a Gideão, ordenando que enviasse esses 10 mil homens às águas dizendo:

> Qualquer que lamber as águas com a sua língua, como as lambe o cão, esse porás à parte; como também a todo aquele que se abaixar de joelhos a beber. E foi o número dos que lamberam, levando a mão à boca, trezentos homens; e todo o restante do povo se abaixou de joelhos a beber as águas (BÍBLIA, Juízes, 7, 5-6).

Esses 300 homens que lamberam as águas são, assim, os primeiros **operações especiais** da história, celestialmente escolhidos, correspondendo a cerca de 1% do total dos voluntários. Realizada a seleção, na mesma noite, Gideão separou os 300 homens em três companhias. Depois, liderou um súbito ataque noturno que deixou os midianitas confusos e apavorados. Os israelitas faziam grande barulho tocando suas trombetas, quebrando cântaros (vasos), conduzindo tochas e gritando "Espada do Senhor e de Gideão". Com o exército inimigo desestabilizado e em fuga, Gideão o perseguiu e matou seus líderes, libertando o povo de seus opressores.

Outro conceito importante das operações especiais são as condutas conhecidas como "ações de comandos", as quais são definidas como ações diretas, pontuais e cirúrgicas, executadas por pequenos grupos de maneira não convencional. Nesse sentido, apresenta-se o Cavalo de Tróia como a primeira façanha dessa natureza. A Guerra de Tróia, narrada nos poemas épicos da Ilíada, cerca de 1200 a.C, descreve um cenário pelo qual um enorme exército grego não consegue invadir Tróia em razão da intransponível muralha da cidade. Reza a lenda que um grande cavalo de madeira foi deixado pelos gregos como demonstração de rendição da guerra. Tomado pelos troianos como símbolo de sua vitória, este "presente de grego" foi carregado para dentro das muralhas, sem saber que em seu interior se ocultava o inimigo, dentre os quais Aquiles, o maior guerreiro da época. À noite, os soldados saíram do cavalo, dominando as sentinelas e possibilitando a entrada do exército grego, levando a cidade à ruína.

Ainda dos gregos, extraímos o exemplo dos Espartanos, verdadeiros soldados de elite, em virtude de sua habilidade, preparação e espírito combativo, bem como doutrina e armas especiais para a época. Tinham um modelo de educação orientado à perspectiva militar em formar cidadãos-guerreiros defensores do Estado. Os recém-nascidos eram examinados por um conselho de anciãos que ordenava eliminar os que fossem portadores de deficiência física ou mental. Desde jovens, os meninos eram enviados pelos pais ao exército para iniciação de uma vida militar até que aos 30 anos se tornavam oficiais e recebiam direitos políticos.

Leão, Ferreira e Fialho (2010) explicam que Esparta é um caso paradigmático de empenho na preparação do jovem para a guerra. Verdadeira cidade-quartel, essa pólis era uma máquina de combate, suas instituições haviam sido pensadas e dispostas para que os cidadãos estivessem sempre preparados e prontos a entrarem em combate. O tipo de educação instituída tinha o nome técnico de **agogê**. Já no nascimento, o Estado eliminava as crianças deficientes ou que não apresentavam a robustez requerida e estas, a partir dos sete anos, passavam à posse do Estado.

> De cabelo cortado rente, ligeiramente vestidos, pés descalços, obrigados a dormir sobre uma esteira de canas, sujeitos a uma vida parca e austera, os jovens espartanos, proibidos de se dedicarem a trabalhos manuais, viviam em comum, divididos em grupos, segundo as idades, dirigidos pelo mais avisado de cada um desses corpos, e aprendiam a obedecer e a suportar a fadiga e a dor, a falar de forma concisa e sentenciosa [...] essa educação compreendia treze anos, agrupados em três ciclos: dos 7 aos 11 anos; dos 12 aos 15; e dos 16 aos 20 [...] Aos vinte anos, atingido a idade adulta, os Espartanos tinham uma

> vida familiar muito limitada, continuando a viver em grupos, tal como combatiam, obrigados a tomarem uma refeição diária em comum, além de serem sujeitos à preparação física e a treino militar constantes, de modo a encontrarem-se sempre prontos a qualquer combate. (LEÃO; FERREIRA e FIALHO, 2010, p. 21 - 23).

Curioso fato dessa educação era o estímulo ao uso da astúcia, fraude e dissimulação aos jovens na fase de sobrevivência do treinamento. Eles eram mal-alimentados, abandonados em regiões desabitadas e "convidados" a roubar para completar a sua ração, mas sem serem apanhados ou descobertos, pois, nesse caso, seriam severamente castigados com chibatadas. Daí, deduzo uma das máximas que os coordenadores dos cursos de operações especiais sempre alertam aos alunos: "O roubo é válido, desde que não seja plotado!". De Esparta, sem dúvida, o mais famoso combatente foi o Rei Leônidas, que com os 300 homens da sua guarda pessoal defendeu o sul da Grécia contra a invasão persa de 200 mil homens conduzidos pelo Rei Xerxes, no evento conhecido por Batalha das Termópilas, no ano 480 a.C.

O invencível Alexandre - o Grande (356 a.C. – 323 a.C.), jamais perdeu uma batalha e quando morreu (de febre), com apenas 33 anos, havia conquistado a maior parte do mundo conhecido, sempre lutando contra forças inimigas maiores. A superioridade relativa de seu exército era obtida por ações de coragem e audácia, pessoalmente conduzidas pelo intelectual comandante nas linhas de frente das batalhas. Alexandre costumava se aproveitar do terreno e explorar a velocidade, por meio de táticas ousadas e armas especiais, a exemplo da sarissa, lança de 4,30 metros, duas vezes maior que a grega tradicional (CAWTHORNE, 2010).

Em Roma (27 a.C. – 476 d.C.), o vasto império foi mantido por centenas de anos graças à organização militar romana que aperfeiçoou "a combinação de seleção, treinamento, boa liderança e longo tempo de serviço" (DUNNIGAN, 2008, p. 61) para preparar soldados em um padrão magistral. Uma das citações mais famosas da Antiguidade - *veni vidi vici* – cunhada por Júlio César como marca dos seus triunfos militares (ÖSTENBERG, 2013) e que pode ser traduzida como "vim, vi e venci", é fonte de inspiração e relativamente adaptada para as operações policiais especiais como "vá e vença", significando os votos esperados das missões de forma simples e direta.

Ordem militar da Europa Cristã, os Cavaleiros Templários (séc. XII – XIV) formaram uma sociedade cuja missão era defender e propagar a fé religiosa. Durante as Cruzadas, eram uma tropa de elite empregada diretamente contra o inimigo, por meio do choque direto, mesmo em número inferior, peculiaridade das tropas de Operações Especiais:

> Entende-se que a doutrina dos templários pode ser vinculada às tropas de operações especiais dos dias atuais, considerando principalmente a abnegação para preservar a sua elite militar, os bons costumes, a fidelidade à religião e seus irmãos de luta. Sua devoção à sociedade cristã é exemplar, o grau de mobilização era tão elevado que morrer para defender a fé em Cristo era uma honra. Na atualidade, existe a mesma abnegação referente à troca da vida de um soldado de operações especiais pela do cidadão, em que seja necessário resgatar reféns (GARCIA, 2011, p. 27).

Entre os séculos VIII e XI, os Vikings eram expoentes no domínio marítimo e possuíam extraordinária capacidade de realizar ações especiais. Por atuarem em menor número, normalmente evitavam grandes batalhas, preferindo a dissimulação dos seus guerreiros, a realização de emboscadas e as operações noturnas para a desestabilização dos adversários. "Planejavam exímios ataques de surpresa e os realizavam para a obtenção máxima desse efeito. Sabiam escolher os domingos, feriados ou a hora da missa para agir" (DENÉCÉ, 2009, p. 13).

Transladando para a cultura oriental, o general e filósofo chinês Sun Tzu (400 a.C. e 330 a.C), conhecido pela obra "A Arte da Guerra", clássico livro sobre teoria militar, enfatizava a relação entre a política e a guerra, a necessidade de táticas e estratégias inteligentes e flexíveis, além de prevenir sobre a imprevisibilidade das batalhas. Insistia na peremptória necessidade de obtenção de informações detalhadas sobre as forças inimigas, tanto quanto de suas próprias forças: "Se você conhece o inimigo e conhece a si mesmo, não precisa temer o resultado de cem batalhas" (SUN TZU, 2011, p. 57). Ao longo do tratado, há claras recomendações quanto à surpresa, velocidade, treinamento, dissimulação, inquietação, ações diretas, ataques pela retaguarda do inimigo, sigilo da missão e moralidade.

Sinônimos de honra e lealdade, os míticos Samurais integravam a ordem guerreira feudal aristocrática que durante muito tempo dominou o território japonês (séc. VIII – XIX). Estes bravos homens eram preparados desde a infância para serem fiéis ao Bushido - o caminho do guerreiro, famoso código de honra e de comportamento. Cultivavam intensa disciplina, autocontrole, sustentação espiritual, aperfeiçoamento individual e "servem como ótimo exemplo histórico para as tropas que desempenham missões que exigem alto grau de especialidade" (GARCIA, 2011, p. 21). Ao contrário destes, os Ninjas (séc. VII – XVII) não seguiam um código de ética. O que os vinculava aos preceitos das operações especiais era a perícia para a execução de táticas não convencionais e ardilosas, "o ninja era um especialista: combatente perito em um certo número de armas e também bom batedor, rastreador, acrobata e ilusionista" (DENÉCÉ, 2009, p. 15).

Figura 1 – Guerreiros históricos: espartanos, romanos, cavaleiros templários, vikings, ninjas e samurais.

Fonte: ilustração organizada pelo autor.

Com o advento da Idade Moderna, as armas de fogo protagonizaram um novo contexto histórico. Descoberta pelos chineses nos idos de 220 a.C e introduzidas na Europa a partir do século XIII, a pólvora negra foi utilizada em armas pequenas ou granadas de mão, no século XV e, em armas longas, no século XVI (AKHAVAN, 2004). Houve, assim, completa mudança na forma de combate e a instauração de um novo ciclo de grandes batalhas.

Nesse viés, é importante acentuar a Revolução Francesa, fase do combate de fileiras, frente a frente, e baionetas nas pontas dos fuzis. A mudança da forma de combate foi tão drástica que delegou ao esquecimento os modos irregulares de combate e as práticas não convencionais características das operações especiais. "Os efetivos engajados nos campos de batalhas europeus a partir do século XVIII quase não deixaram espaço para essas operações" (DENECÉ, 2009, p. 17). Contudo, com a expansão colonial do século XIX, os exércitos europeus, principalmente o britânico, necessitaram adaptar táticas de combate para derrotar seus adversários. Para tanto, desenvolveram operações de contraguerrilha que seriam imprescindíveis nos confrontos vindouros. Ademais, na virada do século XIX para o XX, a industrialização e os avanços tecnológicos foram determinantes nas batalhas, principalmente com a evolução da aviação, amplamente utilizada na Primeira Guerra Mundial (GARCIA, 2013).

Não obstante a introdução de táticas e técnicas contemporâneas, o primeiro conflito mundial foi essencialmente estático e baseado no sistema de trincheiras, não havendo desenvolvimento das operações especiais:

> Verifica-se que, na Primeira Guerra Mundial, não está difundida a missão de operações especiais, o motivo é o tipo de conflito, o qual é essencialmente estático. A defesa de pontos estratégicos era feita através do sistema de trincheiras, não havia movimentação a não ser para tomar o ponto do inimigo, no qual, muitas vezes, o assalto era rechaçado, e a tropa atacante retornava às suas trincheiras sem qualquer resultado positivo (GARCIA, 2011, p. 37).

A efetiva consagração das operações especiais contemporâneas, com a respectiva institucionalização dessa atividade, ocorreu com o advento da Segunda Guerra Mundial:

> Assim, da Antiguidade até as vésperas da Segunda Guerra Mundial, as operações especiais foram numerosas, embora o seu caráter secreto as tenha frequentemente ocultado dos historiadores. A partir da Segunda Guerra Mundial, elas assumem caráter institucional dentro das forças armadas. Daí em diante, a atuação dessas forças especiais intensificou-se, seu papel e efetivos cresceram rapidamente e elas tornaram-se mais importantes do que jamais foram (DENÉCÉ, 2009, p. 21).

A Segunda Guerra Mundial, portanto, passa a ser o "divisor de águas" da concepção de operações especiais, trazendo à baila toda a carga doutrinária que ainda é aplicada hodiernamente.

2.2 SEGUNDA GUERRA MUNDIAL: A ORIGEM DAS OPERAÇÕES ESPECIAIS CONTEMPORÂNEAS

A Segunda Guerra Mundial foi um conflito militar global que durou de 1939 a 1945, envolvendo a maioria das nações do mundo, organizadas em duas alianças militares opostas: os Aliados e o Eixo. Os principais envolvidos mobilizaram toda sua capacidade econômica, industrial e científica a serviço das forças militares. Foi a guerra mais abrangente e letal da história, resultando em milhares de mortes.

Na primeira fase da guerra, o cenário era da supremacia do Reich e expansão alemã por toda a Europa. Adolf Hitler estava invicto e desmoralizava os adversários com a *Blitzkrieg* (guerra-relâmpago), empregando de forma coordenada seus *panzers* (tanques) que abriam brechas nas linhas inimigas, as quais, em seguida, eram mortalmente liquidadas pela infantaria motorizada e pela força aérea, a *Luftwaffe*.

Graças a essa tática revolucionária, os nazistas conseguiram facilmente vencer a França que, mesmo tendo o maior e mais moderno exército da Europa Ocidental, foi invadida em pouco mais de um mês. Tal facilidade foi decorrente de uma genial estratégia de invasão concebida pelo General Erich Von Manstein, considerado um dos melhores estrategistas e comandantes de campo de batalha alemães, o qual propôs o plano de ataque à França pela floresta das Ardenas, tida como intransitável pelos Aliados. Enquanto uma frente alemã progredia pela Holanda e pela Bélgica, como havia sido tentado na 1ª Guerra Mundial, o General Heinz Guderian, responsável pelo desenvolvimento das divisões *panzer* e da *blitzkrieg*, liderou o avanço surpresa pela densa floresta, vencendo facilmente as fracas tropas de resistência que ali se encontravam. O objetivo dessa manobra era avançar em direção ao Canal da Mancha e cercar, ao norte, o grosso das forças francesas, holandesas, belgas e britânicas, objetivo que foi rapidamente alcançado (CAWTHORNE, 2010).

Cercados, os Aliados só tinham uma alternativa: tentar uma evacuação por Dunkirk, único porto de grandes dimensões que ainda estava em mãos aliadas. No Reino Unido, a notícia da evacuação se espalhou e todas as embarcações com autonomia suficiente, desde navios militares a pequenos barcos de lazer, zarparam da costa britânica. O "Milagre de Dunkirk" resultou no resgate de mais de 338 mil soldados, dos quais 110 mil eram franceses. Apesar da evacuação heroica, o desastre havia sido grande, pois além de derrotado, o Reino Unido abandonou considerável quantidade de suprimentos e equipamentos, dentre milhares de viaturas, canhões, toneladas de munições e provisões. Após a retirada de Dunkirk, os alemães continuaram seu avanço pela França e, assim, levaram cerca de oito milhões de franceses a abandonarem suas casas. Quando os alemães entraram em Paris, no dia 14 de junho de 1940, a cidade estava quase deserta. A rendição francesa foi oficializada em 22 de junho de 1940.

Figura 2 – Hitler posando em frente ao maior símbolo de Paris: a Torre Eiffel.

Fonte: Britannica (2021)

O próximo passo de Hitler, portanto, era a invasão do Reino Unido. Ocorre que o recém-empossado Primeiro-Ministro, Winston Churchill, não considerava nenhuma hipótese de rendição. Os ingleses haviam sobrevivido a Dunkirk, mas haviam perdido a maioria de suas armas e equipamentos na evacuação. Salvo os discursos desafiadores de Churchill, só restava à Inglaterra a adoção de uma postura defensiva.

Figura 3 – O gesto "*up yours*" de Churchill significava "vitória contra os alemães", mas também trazia conotações sarcásticas semelhantes ao gesto do "dedo médio".

Fonte: Mirror (2019)

A Grã-Bretanha se esforçava em organizar da melhor maneira possível o seu derrotado exército e sua reduzida força aérea para resistir ao golpe seguinte da agressão nazista. A ninguém seria lícito admitir operações ofensivas contra a costa ocupada do outro lado. "Que deve fazer uma nação que não se dispõe a aceitar a derrota, embora seu exército tenha sido derrotado no campo de batalha?" (YOUNG, 1975, p. 8).

Segundo Young (1975), o Tenente Coronel Dudley Clarke, assistente militar do Chefe do Estado-Maior Imperial, General Sir John Dill, refletindo sobre as derrotas na França e na Bélgica, recuou no tempo e trouxe à memória as guerrilhas que foram travadas na Espanha contra os exércitos de Napoleão e a Revolta Árabe na Palestina, na qual ele mesmo havia servido em 1936. Eram grupos de homens convictos, usando somente as armas que podiam carregar, sem artilharia, intendência e suprimentos, travando uma guerra de guerrilha contra um vasto inimigo. Clarke expôs sua proposta a Dill que, por sua vez, apresentou a Churchill. Em poucos dias, tais planos foram aprovados e incursões na outra margem do Canal da Mancha deveriam ser organizadas o mais breve possível, desde que nenhuma unidade fosse desviada da essencial tarefa de defesa da Grã-Bretanha e que os guerrilheiros deveriam se satisfazer com a quantidade mínima de armas.

Esses oficiais e soldados "deveriam ser armados com o que de mais moderno existisse em termos de fuzis, metralhadoras, granadas etc., e ter todas as facilidades no uso de motocicletas e carros blindados" (YOUNG, 1975, p. 10). Esta configuração levou à formação de um novo estilo de unidade, os Comandos, nome inspirado nas unidades móveis boêres da África do Sul, que por alguns anos desafiaram 250.000 soldados britânicos durante a Guerra dos Boêres (1899-1902).

Figura 4 – Tenente Coronel Dudley Clarke, "o homem que criou os Comandos".

Fonte: Young (1975. p. 8).

Denécé (2009) expõe a inspiração de Winston Churchill para o esboço doutrinário do nascimento dos Comandos, que seriam pequenas unidades não convencionais eficazes, destinadas a operar em todos os cenários. Os voluntários que se juntavam a essas formações deveriam demonstrar espírito de combate e estarem aptos a conduzir um combate insólito pela retaguarda do inimigo.

> Churchill deixou o espírito vagar, remontando a mais de 40 anos. Em 1899, quando era ainda um jovem oficial de imprensa na África do Sul, ele mergulhou em plena Guerra dos Boêres. Feito prisioneiro, pôde observar os famosos ***kommandos*** que tanto deram trabalho ao exército britânico: embora na proporção de 1 para cada 10 britânicos, eles exploraram o

> conhecimento do terreno, a própria mobilidade e habilidades demoníacas no tiro. Para o Churchill de 1940, a solução, com certeza, estava lá: unidades pequenas, integradas por homens super treinados, audaciosos, resolutos, equipados apenas com as melhores armas que pudessem carregar, capazes, principalmente, de tomar a iniciativa. Pouco numerosos, os comandos podiam surgir onde o inimigo não os esperava, e empreender ações pontuais, rápidas, à noite (DENÉCÉ, 2009, p. 40-41).

Eis que Churchill escreveu para seus chefes de gabinete exigindo a criação de forças de assalto que pudessem atacar as costas da Europa ocupada. Em poucos dias, circulou uma chamada de voluntários para a formação da força. A carta que esboçava as condições desse serviço especial não era reveladora:

> Os oficiais-comandantes tinham de se certificar de que somente os melhores fossem enviados, que fossem jovens, absolutamente aptos, capazes de dirigir veículos motorizados e que fossem imunes a enjôo quando embarcados. Foi um salto no escuro, pois nada ficou dito sobre o que eles fariam e, de qualquer modo, a maioria dos oficiais regulares faz questão de nunca se apresentar como voluntários de coisa alguma (YOUNG, 1975. p. 12).

Otimistas e com alta mobilidade, as pequenas unidades não convencionais deveriam operar em todos os cenários e conduzir um audacioso combate pela retaguarda do inimigo. Onze unidades dos Comandos, cada uma com 500 homens, foram montadas. Eles começaram a treinar ataques pelo mar e operações combinadas. Tinham o objetivo de realizar missões de, no máximo, 48 horas. A primeira incursão aconteceu na noite de 23 para 24 de junho de 1940, em cenário no qual o Comandos n. 11 desconhecia quais forças alemãs estavam na região de Le Touquet-Boulogne (França). A operação teve danos mínimos, mas um enorme impacto psicológico (DENÉCÉ, 2009).

Em um ataque de maior expressão e que elevou a moral dos ingleses, em março de 1941, Unidades-Comandos progrediram para as ilhas Lofoten, norte da Noruega, com o principal objetivo de destruir fábricas que convertiam óleo de peixe em glicerina para explosivos.

Preservando o elemento surpresa, desembarcaram sem que um único disparo fosse realizado. Além de destruir as fábricas e os tanques de óleo de peixe, capturaram soldados alemães e resgataram colaboradores noruegueses, retornando sem nenhuma baixa. Entretanto, seu mais importante resultado, que na época não pôde ser divulgado, foi a captura de um conjunto de rotores de uma Máquina Enigma, importante sistema de codificação e envio de mensagens criptografadas utilizadas pelos alemães, as quais seriam muito úteis para os estudiosos aliados que estavam tentando decifrar os códigos alemães.

Em dezembro de 1941, quatro Unidades-Comandos desembarcaram no porto norueguês de Vaagso. Uma grande batalha se deu até a rendição dos alemães e, antes de baterem em retirada, explodiram várias fábricas e afundaram navios. Os Comandos executaram muitos outros ataques ao longo da 2ª Guerra Mundial, o que provocou grande irritação em Adolf Hitler, a ponto de o fazer assinar, em outubro de 1942, uma ordem de matar todo e qualquer Comandos encontrado, proibindo-se a prisão:

> Desde há muito tempo, os nossos inimigos servem-se de métodos de guerra contrários às convenções internacionais, e particularmente notório é o procedimento brutal e pérfidos dos chamados <<comandos>>, que, e isso foi formalmente comprovado, são em parte recrutados entre antigos criminosos libertados em países inimigos. Segundo os documentos encontrados, deduz-se que recebem ordens não só para acorrentar os seus prisioneiros, mas, além disso, para chacinar imediatamente os prisioneiros sem defesa, logo que concluem que esses prisioneiros se tornam um embaraço para a consecução dos seus objetivos, ou podem ser, num ou noutro caso, uma causa de empecilho. Para terminar, foram encontradas ordens mostrando que, em princípio, a chacina dos prisioneiros foi estabelecida. Por essa razão [...] que de agora em diante a Alemanha proceda de igual modo para com as tropas britânicas de sabotagem e os seus cúmplices, isto é, que sejam chacinados sem piedade pelos alemães, em combate ou onde quer que sejam encontrados. Em consequência, ordeno: a partir desta data, todos os inimigos contactados pelas tropas alemãs durante as expedições ditas <<de comandos>>, tan-

> to na Europa como em África, quer usem uniforme regular de soldados ou sejam agentes sabotadores, armados ou não, serão exterminados até o último, seja em combate ou perseguição. Pouco importa que tenham desembarcado de um navio ou que tenham sido trazidos por aviões, ou lançados em paraquedas; mesmo que esses patifes, uma vez localizados, decidissem, por princípio, constituir-se prisioneiros, qualquer piedade deverá ser-lhes recusada. (FLAMENT, 1974, p. 71).

Em dezembro de 1942, o Castelo de Achnacarry, na Escócia, tornou-se o centro de recrutamento e treinamento dos Comandos. No centro de milhares de hectares de montanhas, bosques, planícies e lagos, o lugar é considerado o berço de toda a base doutrinária referente ao sistema de seleção e formação das maiores forças especiais modernas.

Young (1975) explica que o Comandante da Escola de Achnacarry, o Tenente Coronel Charles Vaughan, havia sido subcomandante do Comandos 4, tendo servido por 28 anos no *Coldstream Guards* e nos *Buffs*. Sua determinação inflexível de arrancar até a última gota dos homens que treinava era aliviada pelo seu senso de humor. Somente os sobreviventes do curso ali ministrado teriam direito a usar a distinta boina verde. Cerca de 25.000 homens, incluindo os *Rangers* americanos, belgas, holandeses, franceses, noruegueses e poloneses, passaram pelas mãos de Vaughan, que contava com auxiliares escolhidos a dedo, hábeis em criar exercícios realistas de toda a sorte com uma engenhosidade diabólica, tais como a "Corrida da Morte" e o "Curso Tarzã". O uso de tiro real era constante, por isso o registro de apenas 40 baixas fatais nos três anos de funcionamento do centro de treinamento evidencia o alto grau de habilidade de seus instrutores. Os aprendizes em Achnacarry tinham a sensação de que lá chovia o tempo todo. A prática de exercícios de todos os tipos, especialmente quanto à aptidão física e ao manejo de armas era uma constante.

Os franceses foram os primeiros estrangeiros admitidos na escola de formação dos Comandos. Ao discorrer sobre "o inferno de Achnacarry", Flament (1974) registra uma rotina de pouco descanso e muitos exercícios. Logo que chegavam, os alunos enfrentavam uma marcha de 25 km, sob pena de não receberem o jantar caso não a realizassem no tempo estabelecido. Eram submetidos desde o primeiro dia a uma cadência infernal, sem direito a pausa ou tempo ocioso. Carregavam sempre consigo uma mochila de 20 quilos e uma arma individual. Todas as manhãs, à alvorada, passavam por inspeção na qual cada um deveria se apresentar bem barbeado, arma em estado impecável, uniforme limpo e equipamentos ajustados. Os instrutores diminuíam cada vez mais o tempo estimado para a execução de qualquer atividade, apoderando-se daqueles que apresentavam dificuldades. Quando um padrão era alcançado, subitamente mudavam de ideia como se o último tempo realizado não tivesse o menor interesse, passando, imediatamente, para outra atividade.

No dia seguinte tudo recomeçava. Após terem obtido dos homens a resistência física, o ritmo acelerado do trabalho e a habituação ao perigo, os instrutores passavam a exigir a tenacidade. Tal programa era feito exatamente para eliminar os fracos. Os oficiais em curso eram sujeitos ao mesmo treinamento de seus comandados, com a única diferença que deveriam ser sempre os primeiros a transpor um obstáculo quando este fosse muito perigoso ou quando uma prova necessitava de um esforço excepcional. Os instrutores sempre lembravam que os trabalhos exigidos nada tinham de impossível e que os limites da fadiga eram excedidos a cada dia. Tão rápido eram os progressos que um obstáculo dificilmente transposto na véspera, parecia irrisório no dia seguinte. "Aqui a coragem aprende-se, a camaradagem inventa-se, a tenacidade forja-se" (FLAMENT, p. 21). A fraternidade era necessária, pois nenhum homem estava livre de uma fraqueza passageira ou de um momento em que se sentisse prestes a desistir. Eles deveriam contar uns com os outros, criando-se rapidamente um espírito de corpo. Entretanto, os "pesadões" que sobrecarregavam o grupo ou os maus camaradas que abusavam da boa vontade alheia, eram impiedosamente abandonados no caminho. Estes, deixavam a escola e na mesma noite tomavam o comboio para casa.

Qualquer pessoa poderia se tornar um Comandos, desde que tivesse sobretudo força de vontade para aguentar o treinamento até o fim. O escopo era levar os homens para além dos seus limites, habituando-os às piores condições de combate, induzindo-os a não se espantar com o perigo, deixando-os prontos a combater e vencer, mas, sobretudo, sobreviver. Merece destaque a curiosa tradição do cemitério simbólico dos que falharam durante o treinamento, falecendo durante o curso, por não observarem regras de segurança ou errarem na execução dos exercícios:

> As sepulturas alinham-se diante da entrada principal do campo: <<Soldado John Birney, morto em serviço. Em 7-1-1942 foi gravemente ferido na cabeça por estilhaços de granada. Morreu em consequência dos ferimentos. Uma execução mais rápida das ordens dadas teria evitado a sua morte>>. Há que se passar várias vezes por dia diante destas sepulturas. São falsas. Cada cruz tem um letreiro. Podem-se assim ler as circunstâncias exactas em que os candidatos a comandos morreram ali, durante o treino. Cada um deles cometeu um erro. Imperdoável, como o demonstra a observação indicando de que maneira o acidente, em cada caso, poderia ter sido evitado. Os instrutores sorriem: - Ainda há lugar" (FLAMENT, 1974, p. 18)

Outro símbolo mítico é a faca Fairbain-Sykes ou faca Comandos desenvolvida por dois instrutores de Achnacarry, os militares William Ewart Fairbairn e Eric Anthony Sykes. A faca de combate se tornou a marca dos Comandos britânicos em decorrência da regular utilização desta arma desenvolvida exclusivamente para matar por meio de métodos de combate corporal, nos quais a capacidade de liquidar os soldados inimigos em silêncio era fundamental.

Figura 5 – Além de exercícios de sobrevivência e lições de sabotagem, técnicas para matar com o uso da faca Fairbain-Sykes eram ensinadas no curso de formação de Comandos.

Fonte: Warfare History (2017)

A dita "doutrina de comandos", portanto, era formada por um conjunto de dogmas cujo princípio era selecionar os melhores homens para atuarem em pequenos grupos e de forma autônoma, dentro das linhas inimigas da poderosa Alemanha, com a missão de executarem incursões, assaltos, emboscadas, sabotagens e demais operações consideradas não ortodoxas, no contexto de uma guerra convencional.

Por algum tempo, essa guerra de guerrilha não convencional, com unidades móveis, independentes e ligeiras, foi o único recurso ofensivo capaz de desorganizar e inquietar as forças inimigas nas suas próprias posições.

A Alemanha, na tentativa de compelir a Inglaterra a aceitar um acordo de paz negociada, inicia contra o país uma campanha militar. Trata-se da "Batalha da Inglaterra" *(The Battle of Britain* – 1940-1941), primeira grande campanha travada entre duas forças aéreas, a Luftwaffe, alemã, e a RAF *(Royal Air Force)*, inglesa, resultando no bombardeio de muitas cidades, inclusive Londres. O desenvolvimento de um sistema de defesa aérea com uso de radares e observadores pelos ingleses foi crucial para detecção a longas distâncias das aeronaves alemãs e a elaboração das melhores estratégias de proteção. Além disso, os pilotos da RAF estavam lutando em casa e eram tratados como heróis nacionais, fato que mantinha suas motivações sempre elevadas. As invasões pelo Canal da Mancha estavam estabilizadas, em princípio, porque a Marinha Real inglesa era extremamente forte.

Ainda que com muitas baixas em ambos os lados, a rendição inglesa jamais era considerada. Mesmo contra todas as probabilidades a RAF se saía vitoriosa e após reiterados ataques aéreos, a *Luftwaffe* cai em descrédito com Hitler. Os barcos na costa francesa e os soldados são realocados. A Operação Leão-Marinho de ocupação da Inglaterra é cancelada. Após a derrota da França e a evacuação de Dunkirk, a onda nazista na Europa havia sido controlada.

Hitler volta sua atenção para o ataque à União Soviética, seu plano de longa data, descumprindo o pacto de não agressão assinado entre as duas nações, em 1939. Ele odiava o comunismo e via a abundância de recursos naturais do país como o prêmio que finalmente permitiria ao povo alemão se tornar a raça superior. Inicia-se, assim, um ousado plano de invasão que parecia bem-sucedido no início da ocupação, especialmente com o emprego dos *panzers* e os conceitos da *blitzkrieg*. Ocorre que no cerco de Moscou, o tempo foi o principal aliado dos soviéticos. Primeiro, as fortes chuvas criaram um cenário de lama que impedia a progressão logística dos nazistas. Em seguida, um rigoroso inverno acometeu o exército alemão que estava despreparado para as baixas temperaturas, oportunizando um grande contra-ataque do exército vermelho. Em uma sequência de manobras táticas no interior da União Soviética, uma longa e sangrenta batalha na cidade de Stalingrado, resultou em isolamento e destruição dos nazistas. Os meses seguintes marcaram a virada do exército vermelho e a retomada da União Soviética, além da perda de muitos homens, tanques e armamentos por parte dos alemães. A derrota na Rússia foi um duro golpe que celebrou o declínio do Reich nos idos de 1943.

Nesse ínterim, os Estados Unidos da América já havia ingressado na guerra em decorrência do ataque do Japão a Pearl Harbor, base naval americana no Oceano Pacífico, reforçando o grupo dos Aliados. A tentativa de construção do império japonês com a conquista de diversas colônias britânicas, francesas e holandesas na Ásia, também já estava em processo de decadência. De igual modo, fracassada estava a tentativa do ditador italiano Benito Mussolini em construir o novo Império Romano incorporando o Mediterrâneo e o norte da África.

A questão agora era a retomada da Europa dominada pela Alemanha. O alvo óbvio era a Itália, enfraquecida pelas campanhas na África. Pela Sicília, EUA e Reino Unido realizaram a progressão, fato que motivou a derrubada de Mussolini por meio de uma revolta popular. O novo governo iniciou conversas sobre um armistício com os Aliados. A capital, Roma, foi libertada dos alemães em junho de 1944 e o resto do país em 1945. Benito Mussolini foi capturado pelas forças partidárias italianas, fuzilado e seu cadáver foi pendurado, pelos calcanhares, em Milão. Sua guerra foi uma catástrofe para o país. O domínio da Itália deixou exposto o flanco sul dos nazistas.

No oeste, as forças aliadas se preparavam para abrir uma nova frente pelo noroeste da França. O cenário estava pronto para uma das mais notórias batalhas da 2ª Guerra Mundial, o "Dia D", 6 de junho de 1944, quando os Aliados desembarcaram na costa da Normandia, missão que foi executada por tropas britânicas, americanas, australianas, com a participação dos Comandos. Progressivamente, a França foi recuperada e, com tropas alemãs se retirando em todas as frentes, a tomada de Berlim era uma questão de tempo. A fase final da guerra na Europa estava prestes a se desenrolar. Entretanto, mesmo enfraquecidos, os alemães apresentavam extrema resistência

Durante a penetração nos territórios ocupados pelos alemães, os Aliados efetuaram a descoberta mais chocante da história moderna, o verdadeiro horror do regime nazista: o holocausto. Os campos de concentração, montados para trabalho escravo e extermínio em massa dos judeus, foram primeiramente encontrados pelo exército vermelho, todos localizados na Polônia. Mais tarde, os Aliados localizaram outros campos na Alemanha Central. Estima-se que mais de 6 milhões de pessoas foram exterminadas nos campos nazistas.

No início de 1945, o Reich entrava em colapso. Hitler, muito medicado e enfraquecido, emitia ordens cada vez menos realistas para exércitos em grande parte imaginários. A última defesa de Berlim se deu por jovens, velhos, fanáticos e o que havia sobrado do exército alemão. A cidade foi invadida pelo Exército Vermelho e, em 30 de abril, Adolf Hitler comete suicídio (apesar da existência de teorias que sustentam uma suposta fuga). O final efetivo da guerra ocorreu com os ataques nucleares às cidades japonesas Hiroshima e Nagasaki. Nesta, os EUA lançaram uma bomba atômica de plutônio, a *Fat Man*, e, naquela, a *Little Boy*, a base de urânio.

De todos os ensinamentos aprendidos durante a 2ª Guerra Mundial, portanto, nos interessam os conceitos relativos à doutrina de "base comandos", fundada no rigoroso processo seletivo e treinamento dos homens mais resolutos e resilientes, dispostos a cumprir missões de altíssima complexidade, sob quaisquer circunstâncias, nos locais onde o inimigo está estabilizado.

Na contracapa de sua obra, Young (1975, p. 162) resume o conceito dos soldados-fantasmas:

> Nos "Comandos" só os melhores recrutas ingressavam. Deviam ser jovens, perfeitamente aptos e capazes de dirigir qualquer veículo. Tinham que ter estômago forte e saber manejar com destreza qualquer arma. Acima de tudo, deviam aliar qualidades de iniciativa com alta percepção tática de infantaria, a grande virtude que pode apresentar o soldado de qualquer arma ou posto. A propaganda fez desses magníficos militares uma imagem aterrorizante. No fundo, porém, eram bem humanos!

Flament (1974, p. 334), um pouco mais poético, também descreve na contracapa de seu livro:

> Os COMANDOS não têm rosto, envolvidos na noite, surgem silenciosamente do mar. Implacáveis. Violando as costas da França e da Noruega, lançam-se em ataques da mais louca audácia. Com desumana temeridade, em grupos de cinco ou seis, constituem um exército. Atacam com nervos de aço e armas novas, armas desconhecidas. Friamente, com uma precisão desconcertante e incomparável perícia. Rajadas; explosões; gritos. Depois, subitamente, o silêncio. Nos seus navios fantasmas, os comandos desaparecem num ápice. Feras guiadas por um instinto secreto repassado de mistério, não tardam em voltar, em bandos maiores, mais sequiosos do que nunca de glória e de ação, impelidos por uma vontade e uma coragem das mais frias, dispostos aos mais loucos sacrifícios.
>
> Então começa a epopeia...

O serviço prestado pelos Comandos foi da mais alta relevância para os Aliados durante o conflito, introduzindo os princípios do que hoje é conhecido como "ação de comandos", correspondentes às ações diretas, pontuais, específicas e não convencionais, em uma guerra convencional. Durante e após a guerra, tais doutrinas se espalharam e permanecem em todo o mundo, institucionalizando as tropas especiais e as ações "não convencionais".

2.3 OPERAÇÕES ESPECIAIS NO MUNDO

Povos de todas as partes do mundo sempre almejaram a criação de máquinas de lutar perfeitas. O conceito dos Comandos não é novidade se considerarmos que historicamente sempre houve situações nas quais as ações de tropas excepcionalmente treinadas para missões especiais foram extremamente necessárias. No início da 2ª Guerra Mundial a convocação dos combatentes diferenciados para cumprirem as mais insanas tarefas ocorria com a frase: "envie-me seus melhores homens". Com Achnacarry, o processo de recrutamento passa a ter reconhecimento e metodologia específicos.

Os *Perfect Soldiers* são, portanto, combatentes de elite selecionados, treinados, equipados e levados a um alto padrão. São simplesmente melhores que os adversários e tendem a obter vitórias rápidas, mesmo com inferioridade numérica. São completos em sua preparação e especialmente prontos para o combate em qualquer modalidade, seja ela terrestre, marítima ou aérea, assim como são aptos a desenvolver operações em terrenos específicos, tais como selva, montanha e neve. Fala-se em institucionalização desses conceitos a partir da 2ª Guerra Mundial porque, antes disso, a produção dos *Perfect Soldiers* era "deixada de lado" pelos países em razão do custo financeiro elevado. Tais tropas eram e são caras. O treinamento demora anos para sua consecução (DUNNIGAN, 2008).

Tão desejados em tempo de guerra, os *Perfect Soldiers* são vistos como uma despesa desnecessária em tempo de paz. Entre os séculos XIX e XX, as nações mais importantes do planeta adotaram o "sistema de reserva" dos exércitos, onde quase todo jovem era recrutado, recebia dois ou três anos de treinamento e, então, ficava na reserva por 15 anos ou mais. Com o conflito mundial, percebeu-se que esse sistema apresentava a desvantagem de contar com soldados mal treinados que morreriam antes de garantir a vitória. Notou-se que soldados profissionais bem treinados eram muito mais eficientes que conscritos e reservistas. As democracias mais industrializadas abandonaram o recrutamento para confiar em Forças Armadas menores e no voluntariado, permitindo o surgimento dos modernos *Perfect Soldiers* (DUNNIGAN, 2008).

No início dos anos de 1950, apareceram as duas primeiras organizações de *Perfect Soldiers*: o SAS (*Special Air Service*) britânico e as Forças Especiais norte-americanas.

Derivados dos próprios Comandos britânicos durante a Segunda Guerra Mundial, os SAS são os atuais Comandos de elite das Forças Armadas britânicas. Serviram de modelo para todas as forças especiais do mundo. Idealizado em 1941 pelo Tenente Coronel David Stirling, o SAS diferia dos Comandos originais em poucos aspectos, sendo que os candidatos a SAS tinham de ser mais qualificados e habilidosos que um Comandos de nível médio, eram mais bem treinados e atuavam em equipes de cinco homens. O modelo foi tão bem-sucedido que forneceu o padrão de Força de Operações Especiais pós-guerra. “Quem ousa, vence” (*Who dares wins*) é o lema gravado no símbolo do SAS (MCNAB, 2014).

Em outubro de 1945, a Brigada SAS foi oficialmente dissolvida. Dois anos depois, em 1947, o Regimento SAS do Exército Territorial é formado. Os integrantes do SAS no pós-guerra se tornaram um ícone das operações especiais por serem hábeis combatentes de selva, deserto, montanha, ambientes urbanos europeus e orientais. A sua primeira missão foi na Malásia, na década de 50, onde combateram o comunismo e insurgentes malaios. De 64 a 67 conduziram operações em Aden (Yemen) contra forças antibritânicas. De 69 a 94, participam dos conflitos na Irlanda do Norte realizando operações antiterroristas contra membros do IRA. Na década de 70, por seis anos, ajudam o governo de Omã a derrotar os revolucionários comunistas. Em maio de 1980, o SAS conduz sua mais famosa ação, a Operação Nimrod, libertando reféns da Embaixada do Irã em Londres. Em 82, envolve-se em operações na Guerra das Malvinas (*Falklands War*) contra forças argentinas que haviam invadido a Ilha. No entanto, o SAS sofre uma de suas piores tragédias quando 18 membros do Esquadrão D morrem em um acidente de helicóptero. Em 1989, integrantes do SAS são enviados à Colômbia para treinar as forças policiais e as unidades militares na guerra contra a produção e o tráfico de drogas. Entre 90 e 91, esquadrões SAS são enviados à Guerra do Golfo para ações de reconhecimento e ataque contra as comunicações iraquianas, rotas de suprimento e lançadores de mísseis. Desde 2001, forças SAS são destacadas ao Afeganistão em resposta aos ataques terroristas nos EUA (MCNAB, 2014).

O processo para escolha de um integrante SAS é um dos mais rigorosos do mundo. O índice de reprovação é de 90%. Duas vezes por ano, uma no inverno e outra no verão, cerca de 150 candidatos chegam à *Base Stirling Lines*, na cidade de Hereford, Inglaterra, com a intenção de se juntar às fileiras da elite. Menos de 15 soldados permanecem. O curso contém duas fases chamadas de *Selection* e *Continuation Training*. A *Selection* possui o período de 4 semanas, resumindo-se a longas marchas, navegação e exercícios de resistência. O candidato age isolado e sempre é levado ao seu limite. É o período com maior registro de desistências. No *Continuation Training*, com duração de 14 semanas, o candidato é avaliado em relação à capacidade de adquirir as habilidades do soldado do SAS, com treinamentos em ambientes confinados, procedimentos operacionais, táticas fundamentais de combate do SAS como a patrulha de quatro homens, manobras secretas, técnicas de reconhecimento, métodos de inserção, exercícios de contato, armamento (inclusive estrangeiros) e tiro, demolições, condução de vários veículos de combate, artes marciais, primeiros socorros, sobrevivência, além da mística fuga e evasão (*Escape and Evasion – E&E*). O recruta pode ser retirado a qualquer momento e, se vencer as 14 semanas, estará dentro e receberá a boina bege SAS (MCNAB, 2014).

Já os Estados Unidos, no pós-guerra, passam a despontar como uma das maiores potências mundiais. A Guerra Fria e o combate ao comunismo fizeram com que o país priorizasse o desenvolvimento das forças militares. Mais tarde, surge a Guerra ao Terror e ataques terroristas como o fatídico 11 de setembro de 2001, que demandaram a ampliação de investimentos em escala progressiva. As Forças Armadas dos Estados Unidos (*United States Armed Forces*) são constituídas pelo Exército (*U. S. Army*), Marinha (*U. S. Navy*), Corpo de Fuzileiros Navais (*U. S. Marine Corps*), Força Aérea (*U. S. Air Force*) e Guarda Costeira (*U. S. Coast Guard*).

Para o emprego coordenado das tropas especiais americanas, foi instituído em 1987 o Comando de Operações Especiais dos Estados Unidos (*United States Special Operations Command* - USSOCOM). Trata-se de um grande comando combinado que sincroniza o emprego das forças de operações especiais, independentemente do comando da Força Armada que estiver subordinada, quando da necessidade de atuação de interagências. O USSOCOM conduz diversas missões secretas e clandestinas, tais como a ação direta, reconhecimento especial, contraterrorismo, assuntos civis, defesa interna estrangeira, guerra não convencional, guerra psicológica, operação de informações e operações de combate às drogas.

Das forças de operações especiais americanas, as mais notórias são os *Rangers*, Forças Especiais (*Special Forces*) e Força Delta (*Delta Force*) pertencentes ao Exército, além dos *SEALs* da Marinha. Em 1942, o Exército dos Estados Unidos decidiu compor seus próprios Comandos e os batizou como *Rangers*, nome inspirado nos *Rangers* do século XVIII, que foram liderados pelo Major Robert Rogers. O 1º Batalhão *Ranger* foi formado por um grupo de voluntários norte-americanos que se engajaram num treinamento com os Comandos britânicos. Atualmente, os *Rangers* ainda são comandos no sentido clássico da 2ª Guerra Mundial, formados por soldados de infantaria leve, treinados para efetuar missões específicas. Atuaram nas guerras da Coreia, do Vietnã, do Afeganistão e do Iraque. Atualmente, o 75º Regimento *Ranger* é a maior unidade militar de alta prontidão emergencial e está sediado no Fort Benning – Georgia. Para integrar o Regimento, o candidato precisa ser aprovado em um rigoroso programa de avaliação e seleção *Ranger* (*Ranger Assessment and Selection Program - RASP*) com duração de 8 semanas. Após a conclusão do *RASP*, o candidato passa por uma segunda fase de seleção na Escola *Ranger* (*Ranger School*), frequentando um curso de 61 dias, rigorosíssimo, com uma taxa de reprovação de 60%. Os alunos treinam até a exaustão, forçando os limites de suas mentes e corpos. O programa prioriza a desenvoltura, resistência física, habilidade de pensar em situações de estresse e insônia. Os alunos não usam identificações de posto ou graduação, ocupam a mesma posição durante o treinamento e cada um tem a oportunidade de liderar a fração em exercícios realistas de campanha (DUNNIGAN, 2008).

Os Forças Especiais (*Special Force*), também conhecidos por Boinas Verdes (*Green Berets*), foram inspirados no SAS britânico e criados na década de 50. Tornaram-se conhecidos com a Guerra do Vietnã, mas atuaram em todas as guerras de interesse dos Estados Unidos. Com ênfase na "guerra de guerrilha", infiltram-se no território inimigo ocupado e organizam potenciais resistências. Executam uma variedade de missões, incluindo guerra não convencional, reconhecimento especial, ação direta, defesa interna estrangeira etc. A formação de um *Special Force* é rigorosa e altamente seletiva. Além do treinamento básico de combate (*Basic Combat Training*), os soldados devem ter concluído o treinamento individual avançado (*Advanced Individual Training*) e a Escola Aérea do Exército dos EUA (*U.S. Army Airborne School*) para se candidatarem ao treinamento das Forças Especiais cuja duração é de, aproximadamente, 61 semanas.

A Força Delta (*Delta Force*), oficialmente conhecida como 1º Destacamento Operacional das Forças Especiais do Exército - Delta, é uma das unidades mais secretas dos EUA. Criada em 1977, a Delta exige que seus operadores realizem uma variedade de missões, incluindo contraterrorismo (especificamente para matar ou capturar alvos de alto valor), ação direta, resgate de reféns, missões furtivas com a CIA etc. A maioria dos voluntários da Força Delta já são Rangers ou Boinas Verdes. Cerca de 90% dos candidatos não conseguem ser aprovados. Aqueles aceitos se submetem a um curso de treinamento de dois anos. Costumeiramente não usam uniformes, não são apegados a formalismos militares, suas identidades são altamente preservadas e são constantemente treinados. (DUNNIGAN, 2008).

Da Marinha americana, uma das tropas mais famosas e especializadas do mundo, o grupo SEALs, acrônimo de *Sea* (mar), *Air* (ar) e *Land* (terra), foi fundado em 1962 pelo presidente John F. Kennedy. São treinados para cumprirem missões de contraterrorismo, captura de inimigo ou terrorista de alto valor, ataques de curta duração, reconhecimento especial, defesa externa estrangeira, inserções e extrações em pontos estratégicos, entre outras. Os *Navy SEALs* operam em todos os tipos de ambientes, incluindo áreas urbanas, desérticas, montanhas, florestas e do ártico. As infiltrações em um objetivo de combate ocorrem por uso de qualquer meio, paraquedas, submarino, helicóptero, barco de alta velocidade, patrulha a pé ou a nado. O processo de formação de um *SEAL* é brutal. A preparação consiste em mais de 12 meses de treinamento inicial, incluindo Escola Básica de Demolição Subaquática (*Basic Underwater Demolition/SEAL BUD/S School*), Escola de Salto de Paraquedas (*Parachute Jump School*) e Treinamento de Qualificação SEAL (SEAL *Qualification Training* - SQT), seguidos por 18 meses adicionais de treinamento pré-implantação e treinamento especializado intensivo. Uma das mais notórias etapas do processo de formação é a Semana do Inferno (*Hell Week*), período ininterrupto de cinco dias e cinco noites de treinamento intenso com pequenas pausas para sono e alimentação que, em seu conjunto, não ultrapassam quatro horas. A Semana do Inferno é promovida pela escola *BUD/S*.

Os SEALs são formados por oito equipes, divididas em áreas de concentração conforme o continente de atuação: África, Ásia, América, Europa etc. Há um grupo de elite, o *SEAL Team Six*, formalmente identificado por DEVGRU (*United States Naval Special Warfare Development Group* - Grupo Naval Especial de Desenvolvimento de Guerra), composto de *SEALs* selecionados das equipes existentes, que se assemelha à Força Delta nos quesitos emprego e nível de treinamento. O DEVGRU tornou-se famoso por realizar a operação que culminou na morte do terrorista Osama Bin Laden, em 2011, no Paquistão.

Ainda sobre o conjunto americano de forças de operações especiais, vale mencionar a neófita *MARSOC* (*Marine Corps Forces Special Operations Command*), do Corpo de Fuzileiro Navais, fundada em fevereiro de 2006. A MARSOC também integra o sistema coordenado pelo Comando de Operações Especiais dos Estados Unidos (*United States Special Operations Command* - USSOCOM) com missões de ação direta, contraterrorismo, contra insurgência, defesa interna estrangeira e assistência das forças de segurança.

Atualmente, é possível listar diversos exemplos de forças de operações especiais em todo o mundo, especialmente nas nações com grandes exércitos que, inclusive, contam com mais de uma unidade especial, as quais seguem padrão de seleção e treinamento diferenciados, com escopo no militar de alta performance investido de equipamentos de última tecnologia como, por exemplo:

- Alemanha: KSK (*Kommando Spezialkräfte*);
- Austrália: SASR (*Australian Special Air Service*);
- Canadá: JTF2 (*Joint Task Force 2*);
- Coréia do Sul: 707º Batalhão de Missões Especiais.
- Índia: MARCOS (*Marine Commandos*).
- Israel: *Shayetet 13*;
- Finlândia: *Jaeger Brigade*;
- França: *Commandos Marine*;
- Itália: COMSUBIN (*Commando Raggruppamento Subacquei ed Incurisori*);
- Holanda: KCT (*Korps Commandotroepen*);
- Nova Zelândia: NZSAS (*New Zealand Special Air Service*);
- Rússia: *Spetsnaz Alpha Group*.
- Suécia: SSG (Särskilda Skyddsgruppen).

Por fim, ímpar é o registro de Dunnigan (2008, p. 301) ao tratar das "Verdades das Forças de Operações Especiais", evidenciando que os homens são mais importantes que o material; a qualidade prepondera sobre a quantidade; as Forças de Operações Especiais não podem ser produzidas em massa e não podem ser improvisadas após a ocorrência de emergências.

2.4 OPERAÇÕES ESPECIAIS NO BRASIL

Seguindo a tendência mundial, as Forças Armadas brasileiras passam, a partir da década de 50, a adotar o conceito institucional de operações especiais, tendo na doutrina norte-americana a principal influência para as questões de estrutura e treinamento.

O Exército Brasileiro (EB) realizou, entre 1957 e 1958, o primeiro Curso de Operações Especiais, formando os 16 pioneiros, entre oficiais e sargentos, os quais, peculiarmente naquela oportunidade, participavam ora como instrutor de sua especialidade, ora aluno de seus colegas de curso. Os objetivos básicos da formação eram a infiltração na retaguarda do inimigo, sabotagem, destruição, conquista de postos-chaves, reconhecimento estratégico, instrução de guerrilheiros, captura de lideranças inimigas e socorro às populações ameaçadas por catástrofes.

Em 1961, um pequeno grupo de militares formados no Curso de Operações Especiais é enviado aos EUA para conhecer como *Rangers* e *Special Forces*, se organizavam e eram treinados, com intuito de incorporar tais técnicas ao Exército Brasileiro. Em 1966, o Curso de Operações Especiais é dividido em dois: os atuais Curso de Ações de Comandos e Curso de Forças Especiais (PINHEIRO, 2008).

O Curso de Ações de Comandos (CAC) é destinado a oficiais (até o posto de Capitão) e sargentos de carreira do Exército, com previsão de vagas para militares da Marinha, Força Aérea e nações amigas. É um dos cursos de maior exigência física e psicológica das Forças Armadas. Os alunos são submetidos a variadas simulações de combate e em diferentes ambientes operacionais. A fome, o frio, o sono e a fadiga são companheiros inseparáveis. Liderança, iniciativa, controle emocional, coragem, autoconfiança e perseverança são qualidades indispensáveis a quem deseja concluir o curso com aproveitamento (PINHEIRO, 2008).

Com duração de 14 semanas, o Curso de Ações de Comandos capacita o profissional a agir com o emprego de técnicas, táticas e procedimentos específicos das operações especiais, atuando em ambientes operacionais variados (montanha, ambiente urbano, caatinga e selva), conduzido em ritmo de operações contínuas com esforço físico intenso e prolongado, buscando evidenciar os conteúdos atitudinais de um Comandos, mantendo-se focado e automotivado (EXÉRCITO BRASILEIRO, 2020).

A média de aprovação varia em torno de 25% a 30% do total de inscritos. A edição do curso, em 2018, contava com 107 candidatos, restando, após uma semana de curso, somente 56 militares. De acordo com um instrutor do CAC, conclui o curso o militar com melhor preparo psicológico e não o mais técnico ou o mais bem preparado fisicamente, "se não fosse assim, todo militar Calção Preto (os militares que fazem o Curso na Escola de Educação Física do Exército) seriam um Comandos". O curso conta com uma equipe de instrutores e monitores, todos Comandos, muitos com experiência em atuações reais. Ao final do CAC, os alunos-comandos são capazes de aplicar técnicas de primeiros socorros; de se orientar por meio de carta topográfica e GPS; de aplicar as técnicas de combate corpo a corpo à mão livre, com faca, com armas curtas, com armas longas e com baioneta; de instalar rádios e operar com sistemas criptografados; de conhecer o terreno e ser capaz de atuar na selva, na caatinga, na montanha e no mar; utilizar explosivos militares e comerciais; de identificar as características dos armamentos e executar o manejo; de empregar a técnica de tiro; e de realizar operações (EXÉRCITO BRASILEIRO, 2018).

O "Gorro Preto" e a "Faca na Caveira" são os principais símbolos dos Comandos. Pela descrição heráldica, a caveira simboliza a morte, sempre presente em uma ação de comandos. A faca com a lâmina vermelha significa o sigilo da missão e o sangue derramado pelos combatentes. O fundo verde representa as matas do Brasil. O negro é a noite escura, momento ideal para a execução de uma ação de comandos (EXÉRCITO BRASILEIRO, 2020).

Figura 6 – Faca na Caveira: símbolo dos Comandos do Brasil.

Fonte: Exército Brasileiro (2020).

Para os soldados, existe o Curso de Formação de Cabos Comandos, com duração de oito semanas, disponível aos voluntários concludentes do serviço militar inicial obrigatório, com bom conceito e aprovação nas seleções médica, física e psicológica. O curso tem um período de nivelamento, desenvolvido no Centro de Instrução de Operações Especiais e uma fase final, no 1º Batalhão de Ação de Comandos. Uma vez concluído o curso, o militar poderá servir por até 8 anos no serviço ativo. Caso queira permanecer mais tempo, é necessário ser aprovado em concurso público para a Escola de Sargento das Armas (ESA) ou para a Escola Preparatória de Cadetes do Exército (EsPCEx).

Já o Curso de Forças Especiais, com duração de 23 semanas, é destinado apenas a oficiais e sargentos de carreira do Exército Brasileiro, sendo pré-requisito que o candidato tenha concluído o Curso de Ação de Comandos. Submetidos a variadas situações e ambientes operacionais, o escopo é formar militares com alto grau de especialização no combate não convencional (PINHEIRO, 2008).

Na Marinha do Brasil, as duas unidades que executam as operações especiais são o Grupamento de Mergulhadores de Combate (GRUMEC) e o Batalhão de Operações Especiais de Fuzileiros Navais (também conhecido por Batalhão Tonelero). O que basicamente os diferencia é o campo de atuação, ou seja, este possui prioridade no ambiente operacional terrestre e aquele no aquático (PINHEIRO, 2008).

A história do GRUMEC tem início nos anos seguintes à Segunda Guerra Mundial por meio de estreita cooperação com a Marinha norte-americana. A parceria possibilitou a formação básica dos primeiros mergulhadores de combate (MECs) junto à *US Navy*. Em 1964, militares brasileiros concluíram o recém criado curso dos *SEALs*. Com duração de 42 semanas, o Curso de Aperfeiçoamento de Mergulhador de Combate para oficiais e, de 24 semanas, o Curso Especial de Mergulhadores de Combate para praças. (PINHEIRO, 2008).

Também na Marinha, o Batalhão Tonelero, criado na década de 70, dispõe do Curso Especial de Comandos Anfíbios (CESCOMANF), no Rio de Janeiro, com duração de 20 semanas, para a formação dos Fuzileiros Navais, com registro de concessão de vagas a forças policiais (PINHEIRO, 2008). Destinado a oficiais e praças, o curso é dividido basicamente em três etapas: adaptação, com prioridade aos testes físicos e psicológicos; aprimoramento, com ênfase à capacidade técnica e intelectual; e consolidação, destinado ao planejamento e aplicação prática das técnicas especiais.

Figura 7 – Comandos Anfíbios: os Caveiras da Marinha do Brasil.

Fonte: PMSC (2019).

A Força Aérea Brasileira dispõe do Esquadrão Aeroterrestre de Salvamento (EAS), mais conhecido como PARA-SAR, para a realização de operações especiais, principalmente as de busca e salvamento. A nomenclatura "Para" se refere a paraquedismo e "SAR" à busca e salvamento "*Search And Rescue*" (PINHEIRO, 2008).

O militar que atinge o grau máximo na progressão operacional do EAS, recebe o título de "Pastor", uma referência ao cão da raça pastor alemão, caracterizado pelos predicados de amizade, lealdade, vigilância e agressividade se necessário, e conquista a qualificação de paraquedista operacional especializado em operações especiais. Isso significa que ele concluiu sete cursos obrigatórios, quais sejam, paraquedista básico, salto livre militar, curso SAR, mestre de salto precursor, mestre de salto livre, paracomandos e mergulho autônomo. Voltado para ações de operações especiais, o curso de paracomandos prepara o militar para atuar em situações complexas, principalmente em casos de infiltração atrás das linhas inimigas. Normalmente, menos de 50% conseguem concluir o curso de três meses (FORÇA AÉREA BRASILEIRA, 2013).

2.5 OPERAÇÕES POLICIAIS ESPECIAIS: OS CAVEIRAS DO BRASIL

Em 1972, o Destacamento de Forças Especiais, organização militar de operações especiais do Exército Brasileiro, passou a realizar um Estágio de Ações de Comandos, com duração de três semanas, visando o adestramento de policiais militares selecionados e integrantes de um grupo de operações especiais, criado pela Secretaria de Segurança Pública do então Estado da Guanabara[1], para atuar no enfrentamento de grupos guerrilheiros (DUNNIGAN, 2008).

Este estágio foi o embrião da formação do futuro Batalhão de

1 A Guanabara foi um estado do Brasil de 1960 a 1975, que existiu no território correspondente à atual localização do município do Rio de Janeiro.

Operações Policiais Especiais – BOPE, da Polícia Militar do Estado do Rio de Janeiro, criado em 1991 (DUNNIGAN, 2008). A gênese da unidade decorre do Núcleo da Companhia de Operações Especiais – NuCOE, formado em 1978 para atender ocorrências que fugissem à capacidade física, técnica e psicológica das unidades da Polícia Militar. No mesmo ano, há a edição do 1º Curso de Operações Especiais – COEsp, processo seletivo pautado em fundamentos rígidos e na criação de valores próprios. Em 1980, é criado símbolo do BOPE, emblema com o seguinte significado: o disco preto representa o luto permanente; a borda em vermelho remete ao sangue derramado em combate; o crânio humano corresponde à morte; o sabre de combate trespassado de cima para baixo descreve a vitória sobre a morte em combate e, as duas garruchas douradas cruzadas retratam o sinal internacional de polícia militarizada (STORANI, 2008).

Figura 8 – Símbolo do BOPE-RJ.

Fonte: Storani (2008. p. 42).

O polêmico símbolo corrobora com o significado mítico de uma das unidades de operações especiais mais notórias do mundo, mas que, na essência de seus idealizadores, se refere à "glória prometida" alcançada com a vitória sobre o que mais se pode temer na batalha: a morte. Também em 1980, passa-se a adotar o distintivo do Curso de Operações Especiais carioca, cujo conjunto do emblema reproduz os mesmos significados da unidade, acrescido de dois ramos de louro que representam a vitória pelo sacrifício da passagem e conclusão do programa de treinamento. Somente aqueles que conseguem terminar o programa de treinamento têm o direito de ostentar tal glorificação e ser intitulado de Caveira, o suprassumo da atividade operacional policial (STORANI, 2008).

Figura 9 – Distintivo dos Caveiras da Polícia Militar do Estado do Rio de Janeiro.

Fonte: PMSC (2019).

Quando se fala do BOPE, principalmente o público civil, é impossível não mencionar o filme Tropa de Elite, lançado em 2007 e dirigido por José Padilha. Apesar de toda a crítica sobre o sistema de segurança pública do Rio de Janeiro, o filme familiarizou as operações policiais especiais e divinizou os Caveiras como os únicos capazes de progredir nas gigantescas favelas cariocas e combater o fortemente armado crime organizado. O Capitão Nascimento, anti-herói interpretado pelo ator Wagner Moura, é uma personagem presente na cultura popular brasileira.

Fato é que, ao longo de sua existência, o Batalhão de Operações Policiais Especiais da Polícia Militar do Estado do Rio de Janeiro atingiu um nível de excelência operacional reconhecido pelas melhores equipes de forças especiais do planeta por sua inigualável capacidade de manobra sob fogo cerrado em ambientes urbanos de geografia desfavorável.

No Brasil, as unidades policiais militares de operações especiais se espelharam no modelo desenvolvido no Rio de Janeiro, incorporando doutrina, treinamento, seleção e emprego operacional conforme as demandas criminais e peculiaridades regionais de cada Estado. Com exceção das Polícias Militares dos Estados do Acre, Espírito Santo e Paraíba, todos os Estados da Federação têm curso específico de operações especiais, forjando seus próprios Caveiras. Destaca-se que somente são Caveiras aqueles formados em Curso de Operações Especiais conduzidos pelas Polícias Militares e Forças Armadas do Brasil. Todos os cursos de operações especiais possuem a mesma essência que é selecionar o indivíduo mais apto a ser um operador especial por meio de testagem que o conduz ao seu limite psicológico e físico, habilitando-o para o cumprimento das mais complexas missões operacionais.

Cada Estado possui um símbolo exclusivo para identificar os concludentes dos seus respectivos Cursos de Operações Especiais, com elementos heráldicos regionais e particulares. Contudo, todos são comuns em apresentar ao centro do dístico a "faca na caveira". À vista disso, nomina-se, com muita honra, na sequência das figuras 10 a 31, os símbolos dos moralizados Caveiras do Brasil.

Figura 10 – Distintivo dos Caveiras da Polícia Militar do Estado de Alagoas.

Fonte: PMSC (2019).

Figura 11 – Distintivo dos Caveiras da Polícia Militar do Estado do Amapá.

Fonte: PMSC (2019).

Figura 12 – Distintivo dos Caveiras da Polícia Militar do Amazonas.

Fonte: PMSC (2019).

Figura 13 – Distintivo dos Caveiras da Polícia Militar da Bahia.

Fonte: PMSC (2019).

Figura 14 – Distintivo dos Caveiras da Polícia Militar do Ceará.

Fonte: PMSC (2019).

Figura 15 – Distintivo dos Caveiras da Polícia Militar do Distrito Federal.

Fonte: PMSC (2019).

Figura 16 – Distintivo dos Caveiras da Polícia Militar do Estado de Goiás.

Fonte: PMSC (2019).

Figura 17 – Distintivo dos Caveiras da Polícia Militar do Maranhão.

Fonte: PMSC (2019).

Figura 18 – Distintivo dos Caveiras da Polícia Militar do Estado de Mato Grosso.

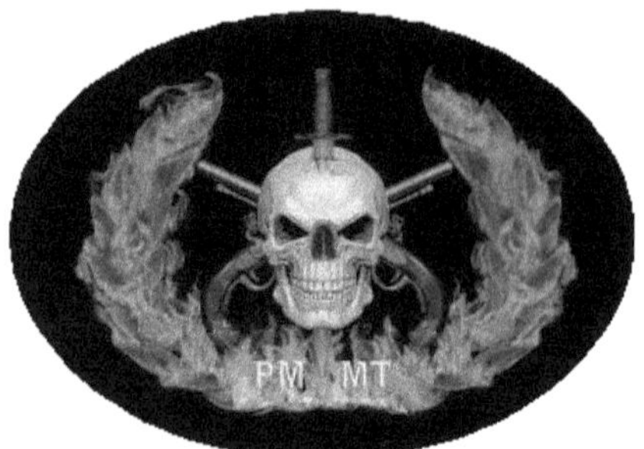

Fonte: PMSC (2019).

Figura 19 – Distintivo dos Caveiras da Polícia Militar de Mato Grosso do Sul.

Fonte: PMSC (2019).

Figura 20 – Distintivo dos Caveiras da Polícia Militar de Minas Gerais.

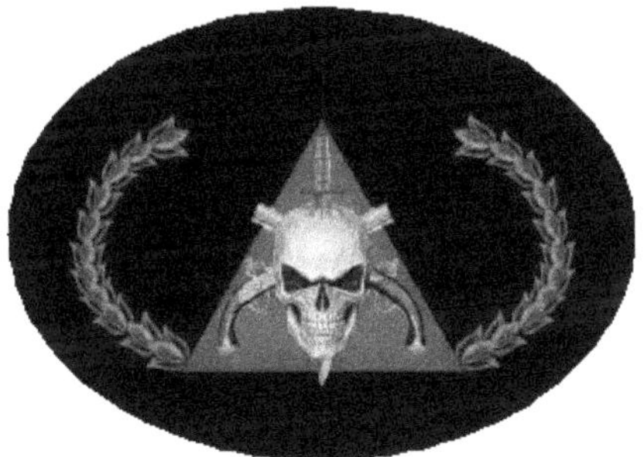

Fonte: PMSC (2019).

Figura 21 – Distintivo dos Caveiras da Polícia Militar do Pará.

Fonte: PMSC (2019).

Figura 22 – Distintivo dos Caveiras da Polícia Militar do Paraná.

Fonte: PMSC (2019).

Figura 23 – Distintivo dos Caveiras da Polícia Militar de Pernambuco.

Fonte: PMSC (2019).

Figura 24 – Distintivo dos Caveiras da Polícia Militar do Piauí.

Fonte: PMSC (2019).

Figura 25 – Distintivo dos Caveiras da Polícia Militar do Estado do Rio Grande do Norte.

Fonte: PMSC (2019).

Figura 26 – Distintivo dos Caveiras da Brigada Militar do Rio Grande do Sul.

Fonte: PMSC (2019).

Figura 27 – Distintivo dos Caveiras da Polícia Militar de Rondônia.

Fonte: PMSC (2019).

Figura 28 – Distintivo dos Caveiras da Polícia Militar de Roraima.

Fonte: PMSC (2019).

Figura 29 – Distintivo dos Caveiras da Polícia Militar do Estado de São Paulo.

Fonte: PMSC (2019).

Figura 30 – Distintivo dos Caveiras da Polícia Militar do Estado de Sergipe.

Fonte: PMSC (2019).

Figura 31 – Distintivo dos Caveiras da Polícia Militar do Estado do Tocantins.

Fonte: PMSC (2019).

Apesar de não ser oficial, muitas Caveiras do Brasil têm denominações idealizadas segundo aspectos regionais ou culturais peculiares em cada Estado. São "apelidos" que tornam cada Caveira única em um país continental, cujas federações têm o tamanho correspondente a muitas nações do mundo. Tais adjetivos são relativamente recentes e de origem incerta, entretanto, a hipótese mais aceita considera seu surgimento devido à integração entre os policiais militares na Força Nacional de Segurança Pública (FNSP) criada em 2004. Como a "Força" é composta basicamente por policiais de todo o Brasil, que passam a treinar e operar cotidianamente com o escopo de serem empregados em situações urgentes de ordem pública no território nacional, muito se compartilha das vivências regionais e, inevitavelmente, das operações especiais.

De qualquer modo, os usos e costumes introduziram esses nomes, tornando-os aceitos pelos próprios operadores e na comunidade de operações especiais, como segue.

- "Caveira da Caatinga" – Piauí.
- "Caveira do Cerrado" – Goiás.
- "Caveira de Fogo" – Mato Grosso.
- "Caveira da Fome" – Rio Grande do Norte.
- "Caveira do Gelo" – Rio Grande do Sul.
- "Caveira do Lavrado" – Roraima.

- "Caveira do Mangue" – Maranhão.
- "Caveira da Montanha" – Minas Gerais.
- "Caveira de Ouro" – Pará.
- "Caveira do Pantanal" – Mato Grosso do Sul.
- "Caveira da Peste" – Ceará.
- "Caveira de Sangue" – Rondônia.
- "Caveira da Selva" – Amazonas.
- "Caveira do Sol" – Tocantins.

2.6 CAVEIRAS COBRA: OS OPERADORES ESPECIAIS DE SANTA CATARINA

O BOPE, Batalhão de Operações Policiais Especiais, da Polícia Militar de Santa Catarina é uma Unidade que tem como finalidade atuar em todo território catarinense, em ações criminosas que fogem da normalidade e que exigem uma resposta especializada para a restauração da ordem pública. O BOPE em Santa Catarina tem sua origem nos idos de 1978, com a criação do PELOPES (Pelotão de Operações Especiais). Ao longo dos anos, sofreu diversas mudanças com relação a comando, estrutura e emprego, passando pelas designações de Pelotão e, mais tarde, Companhia de Choque (1980), Batalhão de Operações Especiais – BOE (1994), até tornar-se Batalhão de Operações Policiais Especiais – BOPE, em 25 de outubro de 2005.

Para cumprimento das missões de operações policiais especiais, o BOPE dispõe da Companhia COBRA (Comando de Operações Busca Resgate e Assalto), composta exclusivamente por operadores formados em Curso de Operações Especiais, ou seja, os Caveiras. A fundação do COBRA, no ensejo, ocorreu em 15 de dezembro de 1995, logo após a conclusão do 1º Curso de Operações Especiais da Polícia Militar de Santa Catarina. À época, o então Tenente Marcelo Cardoso, com o apoio do Tenente Montibeller e do Tenente Kern, todos Oficiais da PMSC e Caveiras cursados no BOPE do Rio de Janeiro, em 1995, 1990 e 1988, respectivamente, realizaram o 1º COEsp e criaram o Grupo COBRA, com os 14 Praças formados no curso.

Assim, é pelo nome composto "Caveira Cobra" que os militares estaduais especiais de Santa Catarina são nacionalmente conhecidos.

Figura 32 – Distintivo dos Caveiras Cobra.

Fonte: PMSC (2019).

Quanto ao mítico símbolo, possui a seguinte heráldica:

- **Caveira**. Representa a morte. É também o receptáculo da sabedoria necessária às operações especiais.
- **Faca na Caveira**. Significa "vitória sobre a morte", está sempre presente nas missões de alto risco[2].
- **Garruchas cruzadas**. São símbolos internacionais de polícia.
- **Louros**. Glorificam a vitória no Curso de Operações Especiais e nas recorrentes missões especiais.
- **Cobra**. Faz menção ao Comando de Operações Busca Resgate e Assalto – COBRA, grupo de operações especiais do BOPE.

2 O conjunto "faca na caveira" remonta a "Lenda de Viena", na Áustria, 1945, final da 2ª Guerra Mundial, quando um Comandos ao invadir determinado quartel nazista, cravou seu punhal no crânio humano que ornava a mesa de um Oficial alemão *Totenkopf SS* ao mesmo tempo que bradou a expressão desse significado.

O Curso de Operações Especiais de Santa Catarina é considerado um dos mais tradicionais do Brasil e possui oito edições, realizadas nos anos de 1995, 2000, 2001, 2005, 2009, 2014, 2016 e 2019.

Com doutrina própria e adaptada à realidade catarinense, o processo formativo descende da metodologia carioca trazida pelos Caveiras pioneiros, além de influências das operações especiais das polícias do Rio Grande do Sul, Paraná e Brasília, face a operadores chancelados nestes Estados.

Classificado como nível avançado de especialização de tropa, tendo por base a doutrina de Comandos, o Curso de Operações Especiais recruta policiais militares, submetendo-os a avaliações médicas, técnicas e psicológicas, inclusive com intenso desgaste físico, privação de sono e alimento, com intuito de analisar o seu poder cognitivo em situações de estresse, identificar possíveis temores ante a situações, objetos, animais ou lugares, tudo com intuito de selecionar os mais aptos para o atendimento de ocorrências policiais de altíssima complexidade e grave perturbação da ordem pública (PMSC, 2015).

Com duração aproximada de 14 semanas, o curso explora em sua grade curricular disciplinas de gerenciamento de crise, negociação, tecnologias não letais, tiro de precisão, combate em ambientes confinados, patrulha urbana, armamento e munição, socorros de urgência, defesa pessoal, segurança de dignitários, técnicas em altura, mergulho e natação utilitária, apoio aerotransportado, direção evasiva, operações rurais, paraquedismo, explosivos e operações antibombas, entre outras atividades.

3 O CURSO DE OPERAÇÕES ESPECIAIS

Quem passou pela vida em branca nuvem,
E em plácido repouso adormeceu;
Quem não sentiu o frio da desgraça,
Quem passou pela vida e não sofreu,
Foi espectro de homem, não foi homem,
Só passou pela vida, não viveu.

Francisco Otaviano de Almeida Rosa (1825-1889)

Se você conseguiu ser aprovado e selecionado para frequentar um Curso de Operações Especiais, seja bem-vindo a Matrix!

Matrix é como os Caveiras costumam chamar o tempo em que o aluno está em curso, sob a égide das rigorosas peculiaridades que compreendem o COEsp. Desconheço a origem exata do termo, mas creio que foi inspirado no filme estrelado pelo ator Keanu Reeves, Matrix, que é uma realidade simulada, um mundo fictício projetado nas mentes dos humanos escravizados por máquinas. Naquele universo, o mundo real é um deserto devastado, as pessoas foram capturadas por uma raça de máquinas que sobrevive do calor e da energia dos corpos humanos que, por sua vez, estão aprisionados em suas próprias mentes. Nesse universo dual, existe a **verdade criada <u>pela</u> Matrix**, estado ilusório, acessada por aqueles que ingerem a pílula vermelha; e a **verdade <u>sobre</u> a Matrix,** choque de realidade, acessada por aqueles que ingerem a pílula azul e que conseguem ver para além da ilusão. E aí, qual pílula você escolhe?

A imersão de uma personagem em uma realidade paralela é um contexto ficcional bastante explorado, a exemplo da obra de Lewis Carrol, Alice no País das Maravilhas. Trata-se da história de uma menina curiosa que segue um coelho branco e mergulha, sem pensar, na sua toca. A protagonista é projetada para um novo mundo, repleto de animais e objetos antropomórficos, que falam e se comportam como seres humanos. No País das Maravilhas, Alice se transforma, vive aventuras e é confrontada com o absurdo, o impossível, questionando tudo o que aprendeu até ali.

O âmago filosófico de tudo isso nos remete a outro clássico, a Alegoria da Caverna, de Platão (427 a.C – 347 a.C), metáfora que sintetiza o dualismo platônico a partir da relação entre os conceitos de escuridão e ignorância; luz e conhecimento e, principalmente, a distinção entre aparência e realidade. Platão cria uma narrativa sobre alguns homens que, desde a infância, vivem prisioneiros em uma caverna, presos por correntes que os mantém imobilizados, de costas para a entrada da caverna, enxergando, à sua frente, apenas o fundo dela. Atrás deles, no fundo, ao alto, o fogo de uma fogueira projeta luz sobre eles. Entre os prisioneiros e o fogo, há um caminho que sobe, cortado por um pequeno muro, onde homens carregam todo o tipo de objetos fabricados, ultrapassando a altura do muro; estátuas de homens, figuras de animais, de pedra, madeira ou qualquer outro material. Essas sombras projetadas no fundo da caverna são compreendidas pelos prisioneiros como sendo tudo o que existe no mundo.

Figura 33 – Ilustração da Alegoria da Caverna de Platão.

Fonte: Alves (2016)

A alegoria provoca a reflexão de que se os prisioneiros fossem forçados a sair das amarras e explorar o interior da caverna, veriam que os seres reais eram as estátuas e não as sombras, pois toda a percepção de vida somente poderia ser vista por meio das projeções que a fogueira provocava. Perceberiam, portanto, que passaram a vida inteira julgando apenas sombras e ilusões, desconhecendo a verdade, ou seja, afastados da realidade. Platão insiste, inclusive, que aqueles que se libertarem e perceberem a realidade têm o dever de retornar e ensinar os outros.

As metáforas presentes nas três obras expressam o processo pelo qual raros humanos se libertam das aparências do mundo e percebem a realidade. Tal liberdade provoca expansão de consciência e mudança essencial de pensamento ou de caráter. Possibilitam que se enxergue o mundo a partir de diferentes perspectivas, que se tenha uma nova compreensão da realidade. Assemelha-se à história de uma pessoa míope, que com o uso de lentes corretivas passa a enxergar a natureza com nitidez e riqueza de detalhes.

Como diria Haney (2006, p. 4, tradução nossa), um dos membros fundadores da Força Delta dos EUA, é algo que marca a alma e faz com que a pessoa, eternamente, veja o mundo por meio de um conjunto singular de filtros mentais. Quanto mais intensa a experiência, mais profunda é a marca.

De volta à Matrix, há somente duas formas de sair dela:

1º - renunciando à regra de ouro, que é a voluntariedade em estar no curso. Assim que o fizer, solicitando "fora de situação" e batendo o sino, o aluno materializará a sua desistência e terá seu posto ou graduação restituídos, além do direito primário à alimentação, banho quente e descanso;

2º - sendo desligado do curso por decisão da coordenação. Isso pode acontecer por insuficiência técnica em qualquer das disciplinas do curso de operações especiais, quando o aluno: não assimila satisfatoriamente os conhecimentos repassados; não atinge a média exigida nos testes e retestes; comete grave quebra de procedimento de segurança, colocando em risco a vida do próprio aluno ou qualquer integrante do corpo docente ou discente. Também pode receber desligamento sumário aquele que apresentar faltas disciplinares graves ou reações inadmissíveis ao comportamento exigido, considerando a constante condição de avaliação psicológica.

A forja dos alunos passa por uma visível evolução durante o curso. Um dos primeiros ritos da coordenação é a numeração dos candidatos. Os postos, graduações e nomes de guerra são substituídos por números. Não há mais que se falar em Tenente Fulano, Sargento Ciclano ou Soldado Beltrano, mas sim em Seu 01, Seu 10 ou Seu 27. A distribuição das numerárias ocorre, normalmente, segundo a lista de antiguidade dos iniciantes. A exceção se dá quando o aluno é "ioiô", ou seja, repetente de outro COESP, e recebe o mesmo número da outra edição.

O rito da numeração ocorre para facilitar a comunicação entre alunos, instrutores e coordenação, mas, fundamentalmente, para destituir todas as prerrogativas de cargo, função, posto ou graduação inerentes à hierarquia e disciplina militares, garantindo que todos recebam tratamento igualitário, fazendo nascer um novo ser humano que passa a ser tratado somente pelo seu número. É uma estratégia consolidada na construção de uma nova identidade social, cujo processo é fundado nos princípios da igualdade, humildade e desenvolvimento natural de liderança pelos comportamentos individuais ou em grupo. Nos cursos de formação ou especialização da polícia militar, os professores, obrigatoriamente, precisam ter posto ou graduação acima dos alunos. Um soldado, por exemplo, não pode lecionar em um curso de aperfeiçoamento de cabos, assim como um sargento não pode dar aula no curso de formação de oficiais. Em curso de operações especiais, isso não ocorre. A instrução é conduzida pelo policial mais apto e especializado. Portanto, um soldado tranquilamente será o titular de qualquer disciplina, independentemente de o aluno 02 ser Capitão. As instruções são preferencialmente conduzidas pelos Caveiras, por quê? Simples. "Para ser martelo, antes você precisa ser prego". Todo Caveira já foi aluno de um COEsp e sabe das peculiaridades e condições de aprendizado. Conhece os limites, sabe quando é hora de apertar ou de afrouxar. Eventualmente a instrução pode ser conduzida por um convidado não Caveira, mas que certamente é uma pessoa referência na área, com notável conhecimento imprescindível à formação de operações especiais.

A metodologia de fiscalização das rotinas diárias com apresentação pessoal, cuidados com equipamentos, armamentos, faxina de ambientes etc., só é possível porque os integrantes da monitoria estão acima de qualquer posto ou graduação dos cursistas.

Outro rito importante é a formação das "cangas"[3]. Uma canga corresponde a uma dupla de alunos. É o que os americanos chamam de "*battle buddy*", camarada de batalha, em uma tradução direta. Em um primeiro momento, as cangas são definidas aleatoriamente pela coordenação e os parceiros têm o dever de cuidar um do outro. É um compromisso de fiscalização mútua quanto às condições de saúde física e mental, higiene, manutenção de armamento, equipamento etc. Ao se deslocar, todo aluno deve estar acompanhado de sua canga. Se for ao banheiro, o canga vai junto.

O curso é um desafio individual que, ironicamente, só pode ser cumprido quando se trabalha em equipe. A primeira lição que todos os recrutas devem aprender é que seu sucesso não depende só de como se saem como indivíduos, mas como um time. A definição das cangas é uma engenhosa psicologia aplicada no treinamento para a desconstrução do individualismo e estímulo ao espírito de corpo. Longe de casa, isolado e em um ambiente hostil, o canga se torna um aliado. Eles são obrigados a saber tudo sobre o outro, de histórias familiares ao tamanho do coturno. Durante todo o treinamento eles são inseparáveis, terão sucesso ou falharão juntos. Nas inspeções, por exemplo, devem estar idênticos, pois assim é possível saber se estão ajudando um ao outro. Um aluno que inicialmente só cuidava de si mesmo, é visto engraxando a bota do outro ou preparando a mochila do seu companheiro.

---

3 Canga é o nome dado à peça de madeira que une uma junta de bois para o trabalho.

Na atuação operacional, o policial militar depende do parceiro que está mais próximo e este vínculo de confiança é construído no curso. Uma dupla, a propósito, é a primeira célula de uma equipe de operações especiais. Quando uma coluna tática realiza a entrada dinâmica em uma residência, inicia com oito operadores, os quais, na medida da fluição, passarão a atuar em dupla, conforme a distribuição dos cômodos.

Partindo do alinhamento das cangas, o grupo de alunos progressivamente vai se entrosando até sair da condição de "bando", para se tornar um "turno". Um turno é como se todos os alunos, juntos, se tornassem um só corpo, unidos pelos mesmos objetivos, empenho e determinação, conectados como engrenagens de uma grande máquina. É um time profissional, no qual cada um conhece sua posição, valências e fraquezas. Não existe mais o eu, de agora em diante será sempre o nós. Essa condição é alcançada somente após muitos dias de curso, sendo visivelmente perceptível quando as missões pagas são cumpridas no prazo estipulado e de forma satisfatória

Figura 34 – Formatura matinal do VIII COEsp de SC.

Fonte: arquivo pessoal.

A função de maior responsabilidade é a do Xerife, que é o comandante do turno. É ele quem apresenta o pelotão, recebe e faz cumprir as determinações, é o único que está autorizado a utilizar relógio para controle do tempo, realiza os deslocamentos da tropa, enfim, é o guerreiro mais cobrado. A função de Xerife é temporária, pois todos devem sentir a dificuldade de comando e liderança em condições adversas. Se o Xerife é "safo", fica por pouco tempo. Se é "bisonho", o prazo é indeterminado.

O "Manual do Aluno" é o documento apresentado na primeira oportunidade e formaliza as regras sobre o curso, condutas, formas de avaliação, atividades complementares, desligamentos, entre outras prescrições.

É dever do aluno obedecer rigorosamente às normas de segurança e às recomendações de ordem técnica e disciplinar relativas às instruções e exercícios práticos; utilizar corretamente o armamento, equipamento e materiais de instrução; zelar pela apresentação pessoal; seguir fielmente todas as determinações emanadas dos instrutores e monitores, ter estrita probidade na execução de quaisquer provas ou exercícios, considerando os recursos ilícitos como incompatíveis com a dignidade pessoal e militar do indivíduo; ser pontual em qualquer atividade; entoar hinos e canções militares com entusiasmo; não se dirigir ou falar com pessoa que não faça parte da equipe de instrução ou monitoria; mostrar-se ativo durante a execução de trabalho em grupo; manter limpos e devidamente organizados os locais de uso individual ou coletivo etc.

"Faça bem feito, para fazer somente uma vez". Procure a simplicidade e a boa execução de tudo que é de sua responsabilidade, desde a faxina de um banheiro ao complexo planejamento de uma operação. Há quem diga que "aluno que não rouba, não forma", porém sugiro que se privilegie outro ditado: "o roubo é válido, desde que não seja plotado". Isto é, você pode até (tentar) roubar nas contagens de flexões, polichinelos, abdominais, completas ou até mesmo na aquisição de comida (lembre-se, você sempre estará com fome). Só não seja plotado, isto é, visto pelos Caveiras, pois a punição será certa. Assim acontecia no agogê, sistema educacional espartano, no qual os jovens eram estimulados ao uso de astúcia e dissimulação, contudo, se fossem descobertos, eram severamente castigados. Essa "margem para o roubo" não deve ser confundida com desonestidade ou indisciplina, trata-se de sobrevivência. Também tem fundamento histórico nos próprios Comandos, lançados na retaguarda do inimigo durante a 2ª Guerra Mundial, que precisavam roubar comida, armas, munições, entre outras coisas, para sobreviver.

Os direitos do aluno, em contrapartida, resumem-se a, qualquer tempo, pedir desligamento do curso; solicitar ao instrutor todo e qualquer esclarecimento que julgar necessário à boa compreensão do assunto que lhe é ministrado; e, ainda, receber atendimento médico quando necessário, acompanhado da coordenação.

Em se tratando do rito de desligamento, há que se destacar dois símbolos importantes: o sino e o cemitério.

O sino, quando batido pelo candidato, é a sinalização da desistência do curso. É a renúncia da regra de ouro, que é a voluntariedade em estar no processo. O ato de "bater o sino" representa a libertação do aluno, quando toda a rigidez e as dificuldades do curso cessarão imediatamente.

Figura 35 – O sino: símbolo de libertação aos que desistem da Matrix .

Fonte: arquivo pessoal.

O cemitério corresponde ao sepultamento simbólico dos que fracassaram no curso e que jazem em paz fora da Matrix. Também tem efeito motivador ao aluno sobrevivente, para que nunca tenha o seu número enterrado e sua "alma" vagando por esse vale. "Aqui jazem os fracos" é a mensagem culturalmente exposta na entrada de todo cemitério do Curso de Operações Especiais. A explicação desta mítica advém de Achnacarry, como visto nas origens das modernas operações especiais, em que as sepulturas eram falsas e ficavam alinhadas logo na entrada principal do campo, de maneira que, obrigatoriamente, seriam vistas várias vezes ao dia.

Figura 36 – Cemitério do VIII COEsp.

Fonte: arquivo pessoal.

O QTS (Quadro de Trabalho Semanal), correspondente ao planejamento do curso e distribuição das disciplinas. É segredo de Estado e, por isso, somente "Deus e a coordenação sabem". Ao aluno nunca é informado qual o próximo evento, se vão dormir muito ou comer pouco. Isso porque, cotidianamente, as ocorrências de altíssimo risco ocorrem ao acaso, devendo o operador estar sempre "pronto para" e "em condições de" quando necessário. Faz parte da dinâmica de curso o aluno não saber quais obstáculos enfrentará, demandando, assim, que continue a raciocinar sobre possíveis surpresas e ser resiliente nas adversidades. A rotina diária geralmente é "dia longo", com atividades previstas para manhã, tarde, noite e madrugada. A alvorada ocorre às 5h, com uma sequência de atividades físicas, cerimonial de verificação da apresentação pessoal, armamento e equipamento, teoria e prática das disciplinas, além de atividades extraclasse. A dedicação do aluno é exclusiva e integral, ele é monitorado 24 horas, do dia que se apresenta, até a sua formatura.

As liberações, oportunidade em que o aluno é autorizado a ir para casa, são raras. Liberação é o que o aluno mais quer durante a Matrix, seguido de descanso e comida. Quando ocorrem, têm horário de início e fim, com reapresentação pontual obrigatória, sob pena de desligamento do curso. É proibido ao aluno que mora longe da Unidade dirigir e pegar estrada, pois certamente dormirá ao volante, tipo de acidente com muitos registros, inclusive. Qual, então, é a solução? O camarada que mora longe vai para a casa do seu canga ou de alguém do turno.

A primeira fase do curso é conhecida como "rusticidade" ou "semana zero". A maioria das desistências ocorre logo nos primeiros dias. A explicação se deve ao fato de os recrutas chegarem inexperientes, confusos e com medo. Corpo e mente não estão acostumados ao desconforto e à fadiga. Qualquer coisa que fuja ao controle, vira motivo de saída voluntária. Paulatinamente, com pouca comida, raro descanso e intenso desgaste físico, potencializado pelo frio do inverno de Santa Catarina ou do calor do Mato Grosso, dependendo da peculiaridade da região, os alunos são levados ao que acreditam ser seus limites físicos e psicológicos, mas continuam sendo conduzidos a muito além.

Uma extenuante marcha é o que abre os trabalhos desse período e o prosseguimento no curso pode ser dificultado se um equipamento mal ajustado provocar feridas ou lesões. Após o trajeto, os cursistas recebem instruções de sobrevivência sobre água, abrigo, fogo e alimento; higiene e saúde; hipotermia; camuflagem; acuidade; nós e amarrações; transposição de curso d'água; defesa pessoal; orientação e busca terrestre; planejamento e execução de operações policiais especiais etc. Os vencedores dessa etapa provam à coordenação que são "brabos". Todos perdem em torno de 10 quilos do peso corporal ao final dessa fase.

Os períodos seguintes requisitam elevada capacidade de cognição e evolução técnica, passível de reprovação do aluno a qualquer momento. Dá-se início às disciplinas fundamentais das operações policiais especiais que são: tática individual; armamento e tiro; combate em ambientes confinados; abordagem a pessoas e veículos; técnicas verticais; uso diferenciado da força, atendimento pré-hospitalar tático; patrulha urbana; gerenciamento de crise e negociação; terrorismo; inteligência; patrulha rural; mergulho autônomo, operações anfíbias; tiro de precisão policial; balística terminal; montanhismo; direção defensiva; sobrevivência policial; segurança de autoridades, bombas e explosivos etc.

Garcia (2011), ao discorrer sobre o curso de operações policiais especiais da Brigada Militar do Rio Grande do Sul, coloca que as exigências, ao longo das 16 semanas do curso, são altíssimas, forçando que os cursistas se superem a cada momento, pois a fadiga, a fome e o frio são seus companheiros 24 horas do dia. O autor destaca que o ponto alto do curso é a disciplina de "conduta de prisioneiro de guerra" ou "fuga e evasão", matéria ímpar e exclusiva das unidades de forças especiais no mundo, visto que após a conclusão desta etapa, o aluno é considerado operador de operações especiais e recebe o título de Caveira, designativo operacional mais respeitado dentre as polícias do Brasil.

Todos os Batalhões de Operações Especiais têm sua "Galeria dos Caveiras", local onde os nomes dos concludentes de COEsp são eternizados, dispostos em rol conforme o ano de conclusão de curso e o posto ou graduação que tinham à época do evento.

Figura 37 – Galeria dos Caveiras de Santa Catarina, localizada no hall de entrada do prédio do Comando do BOPE.

Fonte: arquivo pessoal.

A carga horária mínima de um curso de operações especiais, em todo o território nacional, é de 600 horas-aula curriculares, acrescidas de mais 40% de atividades extracurriculares. A conclusão do curso habilita o recém-formado Caveira a estagiar no grupo de intervenção tática do seu Estado, pelo período de 2 anos, em razão da complexidade da atividade, exigência de dedicação, disciplina, paciência, determinação e, acima de tudo, preparo psicológico (GARCIA, 2011).

Storani (2008), em sua dissertação de Mestrado intitulada "Vitória sobre a morte: a glória prometida", apresenta um brilhante estudo sociológico sobre o "rito de passagem" na construção da identidade das operações especiais do Batalhão de Operações Policiais Especiais do Rio de Janeiro. Executado ao longo de 17 semanas, o COEsp se propõe a desenvolver conhecimentos, treinar habilidades e identificar atitudes que são entendidas como fundamentais às atividades de operações especiais no âmbito da segurança pública. As matérias são distribuídas em fases de acordo com um nível crescente de complexidade, desde as que demandam resistência física e psicológica, àquelas que demandam intenso processo mental, com ênfase a processos de planejamento e execução operacional, sob condições adversas, bem como o controle dos resultados. As jornadas podem durar de dois a sete dias ininterruptos, podendo se estender pelas 24 horas do dia.

O início do curso, conhecido por **Semana Zero**, é um período de natureza administrativa durante o qual os alunos recebem o manual do aluno, material, recomendações, realizam compra de equipamentos e, novamente, são submetidos a testes de aptidão física. O período seguinte, intitulado **Semana do Inferno**, ocorre em base de instrução localizada no Município de Piraí, a 95 km da Cidade do Rio de Janeiro, com localização geográfica que contempla topografia e condições climáticas adequadas para que se garanta o maior desconforto possível aos alunos. Tem-se, nesse período, a cerimônia de abertura do COEsp, tradicional evento de confraternização de várias gerações de Caveiras e apresentação formal dos neófitos aos veteranos. Na Semana do Inferno, a rotina dos alunos obedece a um planejamento pormenorizado, com a previsão de cada atividade, instrução, monitores e o horário de início e término das aulas.

Superada a rusticidade, os alunos ingressam em um processo de liminaridade, que se configura como ponto de passagem ao processo de transformação aos preceitos das operações especiais. De tal maneira que, à medida que evoluem no curso e nas instruções, estejam bastante adaptados às adversidades e que pouca coisa os incomodem. Ao término do processo, a transformação corporal dos alunos é percebida sem muito esforço. O profissional que há dezessete semanas iniciava o ritual de passagem, em nada se assemelha ao Caveira chancelado pelo rito de passagem, o Curso de Operações Especiais (STORANI, 2008).

3.1 PREPARANDO-SE PARA O CURSO DE OPERAÇÕES ESPECIAIS

A primeira coisa que o candidato precisa ter em mente é que o COEsp não é simplesmente um "curso", muito menos um aperfeiçoamento profissional. Tal mister pode ser adquirido por meio de diversos cursos de natureza operacional nas próprias instituições policiais ou até mesmo pelo pagamento de treinamentos a clubes ou escolas privadas.

Vai para um curso de operações especiais aquele que deseja se tornar um Caveira!

Se esse é seu sonho, você precisa, antes de qualquer coisa, ser conhecido como uma pessoa honesta, pautada pela retidão de caráter, cuja conduta seja extremamente profissional. O seu currículo informal será, sem dúvida, minuciosamente verificado. Se você não atende a esses quesitos, desista agora, pois não haverá tolerância. Porém, se você é um idôneo integrante das forças policiais estaduais, federais, Forças Armadas, nacionais ou estrangeiras: continue!

Para tanto, a meu ver, o candidato deve estar preparado psicológica, física e tecnicamente. Negligenciar um desses itens é a certeza do insucesso. De nada adianta o policial desejar se tornar um operações especiais, mas não ser um bom atirador ou ter dificuldades em nadar, por exemplo. Planejar-se para o curso é mandatório.

A questão psicológica, a bem da verdade, não se configura como uma preparação em si. O indivíduo já deve sentir, lá no seu coração, que possui o dom, que nasceu para isso. Tal questão é individual e envolve a história de vida de cada um. Trata-se do que a pessoa foi no passado, do que ela é no presente e o que almeja para o futuro. Uma vida de batalhas abençoada por vitórias, mas também de algumas derrotas. "A mente é a melhor arma" já dizia John Rambo (o fictício *Green Beret,* protagonizado pelo ator Sylvester Stallone). Além da vontade e do desejo, o candidato, na véspera do COEsp, deve estar com todos os seus problemas pessoais resolvidos, especialmente os referentes à estabilidade financeira e familiar. Qualquer instabilidade, mínima que seja, pode ser fator preponderante para desistência do curso.

O viés físico também é fator de extrema importância para essa preparação. Enquanto a questão psicológica envolve um repertório de experiências e valores individuais, o preparo físico é alcançado com planejamento e determinação. Para ingressar no curso, o candidato tem que se submeter a um Teste de Aptidão Física (TAF), configurado de maneira específica em cada estado brasileiro, que compreende avaliações de resistência, agilidade, condicionamento cardiorrespiratório e coordenação motora. Algumas atividades que compõem o TAF: corrida de 10 quilômetros (com ou sem farda); corrida de velocidade de 100 a 400 metros; flexão em barra fixa; flexão de braços sobre o solo; subida em corda vertical de 6 a 10 metros; abdominal; transporte de carga; natação 200 metros; flutuação com ou sem farda; teste de apneia estática; e, mergulho livre. Atividades que exigem demonstração de habilidade com força, corrida e natação não podem ser negligenciadas. Dedique-se, também, a treino de flexão de braços no solo com o punho fechado, bem como na posição isométrica. Fortaleça o core[4] e os membros inferiores.

Em Santa Catarina, o edital de seleção para o COEsp tem como base o Manual de Educação Física da PMSC (2013). No documento, a previsão do teste de aptidão física é o chamado TAF-E2 e o candidato, para realizá-lo, precisa do parecer médico "apto para o TAF", no exame de saúde e, ainda, ter sido aprovado anteriormente em outro teste físico, o TAF-PM.

O exame de saúde envolve exames clínicos de sangue, urina, bem como aqueles relacionados à capacidade cardiovascular. Lembro que quando realizei o teste ergométrico, conhecido como teste de esforço, comecei caminhando em uma esteira parecida com as de academia, sendo que a intensidade foi aumentando gradativamente,

4 O core é um conjunto de musculatura que compreende abdômen, lombar, pelve e quadril.

até que cheguei à exaustão. Ao final do exame, o médico informou que os meus resultados foram superiores aos dos jogadores de futebol profissional do Figueirense e me perguntou curioso para o que eu estava treinando.

O TAF-PM é o teste padrão para os processos de seleção para cursos e estágios regulares e regulamentares da PMSC, que demanda as seguintes provas: flexão de braço na barra fixa (masculino até 35 anos) ou apoio de frente sobre o solo (masculino a partir de 36 anos); desenvolvimento com halter de 10 quilos para mulheres; abdominal, 1 minuto; corrida de velocidade, 100 metros; e, Teste de Cooper, 12 minutos. O candidato deve alcançar índice de aproveitamento Muito Bom (MB) ou Excelente (E) para continuar no processo. Recebe conceito "E" quando tem 100% de aproveitamento em todas as provas e "MB" quando a média dos pontos obtidos nas provas estiver entre 85% e 99% do seu total de minutos (PMSC, 2013).

Sendo considerado apto no TAF-PM, o candidato avança na seleção para o TAF-E2, de caráter eliminatório e classificatório. Neste, são realizadas as seguintes provas: apneia estática; apneia dinâmica, de 25 metros; natação, 200 metros; flutuação, 15 minutos; flexão de braço na barra fixa, para masculino, e desenvolvimento com halter de 10 quilos, para feminino; subida na corda, 6 metros; corrida com sobrecarga, 50 metros; e, corrida de resistência, 10 quilômetros. Para gabaritar a prova é necessário executar acima de 13 flexões na barra fixa, nadar 200 metros, abaixo de 4 minutos e 30 segundos; ficar embaixo da água em apneia estática, acima de 1 minuto e 56 segundos; correr 50 metros com sobrecarga (coloca-se um colega com peso equivalente nas costas), abaixo de 13,3 segundos; correr 10 quilômetros, abaixo de 47 minutos; subir 6 metros de corda sem auxílio dos pés; nadar 25 metros embaixo da água; e, flutuar de sunga durante 15 minutos (PMSC, 2013).

A primeira vez que tentei "tirar o tempo" de uma apneia estática, banquei na "brabeza" meros 30 segundos. Após o treinamento, no dia do TAF, eu consegui ficar estático embaixo da água cerca de 3 minutos.

Por outro lado, ter um excelente condicionamento físico nem sempre é garantia de que você se torne um operações especiais. No meu caso, por exemplo, eu não tinha o melhor TAF entre os selecionados. Logo no início do curso eu via muitos atletas desistindo. Por que isso acontecia? A resposta é simples: "ser bom, no bom, é fácil". Traduzindo, o camarada é um grande desportista, descansa e se alimenta pontualmente como um relógio. No curso, meu amigo, tais questões são "artigos de luxo" e os atletas "batem o sino" em poucos dias.

É necessário que se alerte, ainda em relação ao treinamento físico, sobre um dos maiores erros cometidos aos pretendentes a Caveira, que é se preparar para o TAF e não para o Curso. Como assim? Ocorre que a maioria das pessoas acredita que estando aptos no TAF, estarão em condições de finalizar o curso. Resposta errada! É desse gancho que trago a necessidade do desenvolvimento da última valência: a preparação técnica.

Na preparação técnica, o camarada deve buscar conhecimentos afins nas diversas áreas do Curso de Operações Especiais. Isso envolve artes marciais, socorrismo, obtenção de água, fogo e alimento em ambiente rural, orientação terrestre, mergulho, escalada, técnicas verticais, nós e amarrações, combate em ambientes confinados, armamento e tiro etc. E como conseguir isso? Com qualquer treinamento na área, adquiridos em cursos na própria instituição ou coirmãs, a exemplo do Corpo de Bombeiros Militar. Também é possível atingir esse objetivo, participando de treinamentos pagos a empresas privadas reconhecidas, mas são os menos recomendáveis, dado que são extremamente caros. Na pior das hipóteses, por "bizus" colhidos com amigos que já sejam especializados em algumas dessas áreas ou pesquisas na internet.

Para estar pronto, não basta fazer uma infinidade de cursos. Trata-se de se familiarizar com essas valências e descobrir quais podem ser suas fraquezas no COEsp, pois você será testado o tempo todo. A sua capacidade cognitiva será colocada à prova, sob pena de desligamento por insuficiência técnica, caso alguma disciplina não seja realizada satisfatoriamente. O camarada pode ter uma “brabeza horrível”, mas se for “coco seco”, não vai formar.

Fazendo isso, você trilhará o caminho do que os Caveiras gostam de chamar como “aluno profissional”. É o camarada “bizurado”, proativo, que está ali para aprender, mas, acima de tudo, pagar sua “etapa” e se tornar um Caveira.

Completando o conjunto da preparação psicológica, física e técnica, o próximo passo é aguardar a abertura de algum edital de Curso de Operações Especiais do Brasil. Antes de se inscrever ou assim que conseguir uma vaga, é importante que o candidato procure “a benção dos Caveiras”. Isso é simples. Independentemente de ser Oficial ou Praça, procure conversar com o máximo de Caveiras possível, começando pelos que você conhece e, também, visitando o BOPE. “Troque uma ideia”, fale sobre seu sonho, solicite opinião e seja ouvinte. Não é “peruação”. Humildade é uma virtude e todo Caveira sabe muito bem o valor disso. Lembra do currículo informal? Nessa altura, ele já está sendo construído.

Se o seu Curso for feito fora do seu estado, você entrará na classificação de “estrangeiro”. Se pertencer a outras forças policiais ou Forças Armadas, será classificado como “alienígena”. Nestes casos, você precisa ser bem “desenrolado”, “aluno profissional”, para despertar a simpatia dos nativos e a certeza de que após formado será um grande representante destes Caveiras. Procure pesquisar sobre a história, a cultura, os hinos do Estado, da Polícia Militar e da Unidade destino. Sou de Santa Catarina, mas formado na Brigada Militar do Rio Grande do Sul. Até hoje entoo com muita vibração o hino daquele Estado, em toda solenidade que lá participo.

Os Cursos de Operações Policiais Especiais são abertos aleatoriamente em todo o Brasil, conforme a necessidade, peculiaridades e capacidade financeira de cada Estado, considerando que tais recursos demandam relativos investimentos financeiros. Normalmente, ofertam de 45 a 60 vagas para início do curso, sendo 5 vagas para as demais polícias e FFAA (os estrangeiros e alienígenas). O índice de conclusão varia entre 10% e 30% dos que efetivamente iniciam, numeram, no COEsp. Se a conta fosse considerada desde a abertura do edital, com o total de inscritos, tal índice cairia para menos de 10% de concludentes.

Todos os Cursos de Operações Espcciais apresentam uma relação de enxoval ao aluno, ou seja, uma lista com os materiais necessários para realização do curso. É imprescindível que o candidato adquira todos, sob pena inclusive de desligamento sumário, como é tradicional em Santa Catarina[5]. Alguns materiais devem ser da própria instituição como pistola, carregadores e algema. Outros, podem ser emprestados como roupa de neoprene e nadadeiras de borracha. Entretanto, a maioria dos materiais devem ser adquiridos. Trata-se de um investimento na sua formação. Para transporte e apresentação destes materiais no dia do curso, utilize a mochila de campanha e o saco de viagem do tipo VO[6].

Na montagem do enxoval, destaco os seguintes "bizus" aos candidatos:

- organize os materiais em kits, de maneira que consiga localizar onde cada um está. Uma forma de fazer isso é rotulando os sacos e potes. Deve-se atentar para a praticidade, portabilidade e impermeabilização dos kits, evitando que eles sejam demasiadamente grandes;

- coloque os materiais pequenos em potes com rosca e em plástico resistente. É importante que sejam vedados por dentro com borracha E.V.A[7] fina, evitando assim, que façam barulho dentro do pote. Utilize tiras de câmaras de pneu para melhorar a vedação do kit;

- vede, aduche os demais materiais em sacos grossos transparentes, de tamanhos variados. O aduchamento ocorre quando se coloca o material dentro de um saco resistente (uma farda, por exemplo), retirando-se todo o ar, puxando com a boca, apertando o saco e rematando com uma tira de câmera de pneu. Não caia na besteira de

5 O Anexo III apresenta a proposta de enxoval do 8º COEsp da PMSC.

6 VO significa Verde Oliva, cor tradicional do equipamento, mas pode ser preto ou camuflado, salvo expressa especificação do enxoval.

7 E.V.A - Espuma Vinílica Acetinada.

aparecer com sacos plásticos para lixo na impermeabilização de seu material, pois não têm a resistência necessária;

Figura 38 – Exemplo de materiais corretamente organizados e acondicionados

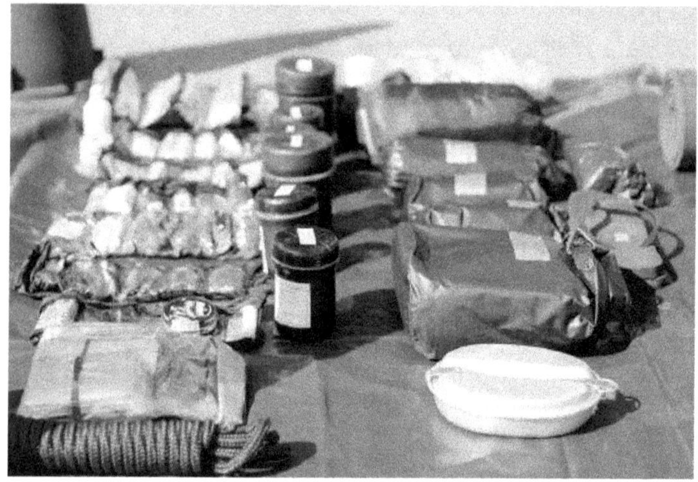

Fonte: arquivo pessoal.

- adquira um saco estanque de 60 litros para vedação final dos equipamentos. Aprendi esse "bizu" com os Guerreiros Urbanos do GATE de São Paulo, em 2010. Essa dimensão do saco estanque corresponde à capacidade da mochila e é excelente para a proteção de todos os materiais contra umidade;

- adquira uma "manta ou cobertor escuro" com material velame, o mesmo utilizado na confecção de paraquedas. Com a manta velame, você consegue um cobertor, que dobrado, tem pouco volume. No caso de acidentalmente molhado (pelo erro de aduchamento), pesará pouco, assim como secará rapidamente;

- assegure-se de que a mochila esteja em perfeitas condições. Ela deve ser de grande capacidade e, principalmente, ter as alças muito bem reforçadas. Certifique-se que uma costureira profissional faça isso. Opte por mochilas com bolsos externos, facilitando o acesso a kits que são mais usados, como o de anotação, primeiros socorros, sobrevivência e manutenção de armamento;

- certifique-se de que o coturno esteja amaciado, pois, assim, você evitará a criação de bolhas no pé. Ele deve, também, flutuar na água. Este é o mais importante dos itens. Não seja tão "pouca prática" a ponto de levar botas novas. Dos que conheço, os coturnos das marcas Calfesa ou Atalaia Bi-densidade cumprem essa missão. Os coturnos deverão estar com cadarços na amarração do tipo soltura rápida e não poderão ter presilhas;

Figura 39 – Coturno com amarração de soltura rápida

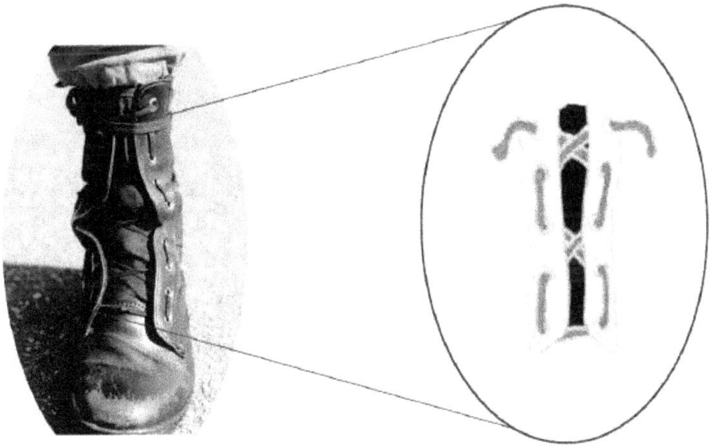

Fonte: ilustração adaptada pelo autor.

- leve meias apropriadas. Recomendo as específicas para trilhas e esportes de aventura, de cor preta, em razão do conforto que proporcionam, bem como de conseguirem deixar o pé seco com mais facilidade;

- tenha em mente que "quem tem dois, tem um. Quem tem um, não tem nenhum". Essa recomendação vale para itens importantes como coturno, meias, fardamento, kit manutenção de armamento, manta aluminizada e, também, de outros, de acordo com seu julgamento.

A maioria das desistências do COEsp ocorre nos primeiros dias do curso. Em razão disso, costumamos classificar os alunos da seguinte forma:

- aventureiros;
- atletas;
- com problemas psicológicos;
- coco seco;
- que faltou o "S" da saúde ou o '"S" da sorte;
- aluno bom.

Os aventureiros são os primeiros a irem embora. São aqueles que estão ali, mas que não sabem muito bem o porquê disso. Basta o "bicho" aparecer na frente deles, que logo batem o sino. Desistem sem motivo específico. Saem "zerados", corpo totalmente sadio, sem qualquer tipo de lesão, alguns nem chegaram perto do próprio limite físico.

Os atletas são os próximos. Como dito, são "bons no bom". Basta restringir sono e alimentação que "quebram".

Em seguida, começam a aparecer aqueles com problemas psicológicos. São os que "perdem para a cabeça". Não estão preparados mentalmente, conforme alertado anteriormente. Questões pessoais, financeiras ou familiares passam a governar a mente do aluno, culminando em sua desistência. São exemplos: esposa ou companheira, filhos, pais que estão ou ficaram doentes. Recente separação ou relacionamento conturbado. Aliás, há aquele que desiste até quando o relacionamento está a mil maravilhas, indo para casa porque está com saudade da "nega velha", de uma cama quente ou de uma boa comida.

Já o "coco seco", é o camarada que já provou ter uma "brabeza horrível". Tem uma carcaça feita de pedra. Pode mandar arrancar uma árvore e levar nas costas que ele o fará, tranquilamente. Entretanto, sua capacidade cognitiva é muito limitada. Não se preparou tecnicamente, não aprende as coisas com facilidade e o que é pior, sob pressão, não raciocina. Este, ou se convence que não serve para isso e desiste voluntariamente ou é desligado pela coordenação do curso por insuficiência técnica.

Sorte, Saúde, Saco e Simpatia. São os "4 S" imperiosos para que o aluno se forme no COEsp. Sorte, porque muitas situações são imprevisíveis e não podemos planejar. Saúde, condição imprescindível para continuarmos no curso. Saco, é a paciência para perseverar. Simpatia, é a aprovação dos Caveiras e do próprio turno. Alguns alunos têm o azar de perder o "S da Sorte" ou o "S da Saúde" durante o curso. Por exemplo, próximo de finalizar a etapa, o aluno realiza um disparo acidental de espingarda calibre 12 (arma com gatilho muito sensível) durante a movimentação em instrução de tiro, sendo desligado por insuficiência técnica ou quebra de regra de segurança. Há, ainda, o aluno que fratura uma perna na realização de algum exercício.

Finalmente, nos referimos ao "aluno bom", como aquele que finaliza o curso. Como se diz no jargão: "aluno bom é aluno que forma". É o que nasceu para ser Caveira. Nunca pensou em desistir. Está sempre vibrando, independentemente do contexto do curso, seja instrução técnica, teórica ou prática, seja no conforto ou no "jangal". Está sempre com olhar de tigre e nunca com "cara de fratura".

Merece destaque a questão saúde para sobrevivência no curso. Já recomendava uma Charlie Mike: "Ô limpe o seu fuzil, amole seu facão, cuide dos seus pés que é pra não ficar na mão...". É imprescindível o cuidado com a higiene pessoal, sob pena de que uma discreta bolha ou corte se transforme em uma grave infecção, evoluindo para algo mais grave, impossibilitando a permanência no curso. O primeiro inimigo do aluno são as bolhas nos pés. Elas ocorrem pela fricção da pele com o calçado, resultando no deslocamento da epiderme e o acúmulo de líquido (seroso, sangue e pus). É um processo de cicatrização, autodefesa do organismo. O ideal é que a bolha não seja estourada, pois pode se tornar uma abertura na pele que permite a entrada de bactérias, resultando em uma infecção. A melhor forma de tratamento seria aliviar a pressão no local e tentar manter a bolha intacta, já que ela desaparece sozinha em alguns dias.

Entretanto, dependendo do tamanho e da região onde surgem, as bolhas podem interferir, pelo incômodo, nas atividades diárias, a exemplo de deslocamentos e corridas. Conforme o caso, a bolha pode ser perfurada e drenada pela parte lateral, com higiene no local, uso de agulhas estéreis, aplicação de antissépticos como Povidine, Andolba, Rifocina ou Quadriderm, além da realização de curativo com gaze e esparadrapo no local.

A "sacada", portanto, é a prevenção de bolhas. Como? Coturno bem amaciado, meias que não sejam de materiais sintéticos (como as específicas para trilhas) e a manutenção dos pés com vaselina sólida para diminuir a fricção. Sempre que possível, retire seu coturno, torça suas meias (é curso de operações Camarada, o Senhor sempre estará molhado), reponha a vaselina e deixe os pés para cima "respirando". É possível também usar talco secante entre os dedos.

Com o tempo de curso, em razão das atividades físicas e umidade nos pés, outros problemas podem aparecer como frieiras, micoses, pequenos cortes e inchaços. Não deixe os pés abafados por muito tempo. Cuidado com a higiene das unhas. Conforme o inchaço, massageie para estimular a circulação. Há casos em que as feridas nos pés, porta de entrada para infecções, podem evoluir para uma doença chamada Erisipela. Os pés apresentam grandes edemas e o tratamento, com acompanhamento médico, ocorre com a combinação de antibióticos. Queimaduras também podem acontecer, geralmente quando o aluno está muito próximo da fogueira. No caso de fuligem nos olhos, utilize soro fisiológico para limpeza.

Figura 40 – Pés de um aluno com problemas de bolhas, queimaduras e inchaço.

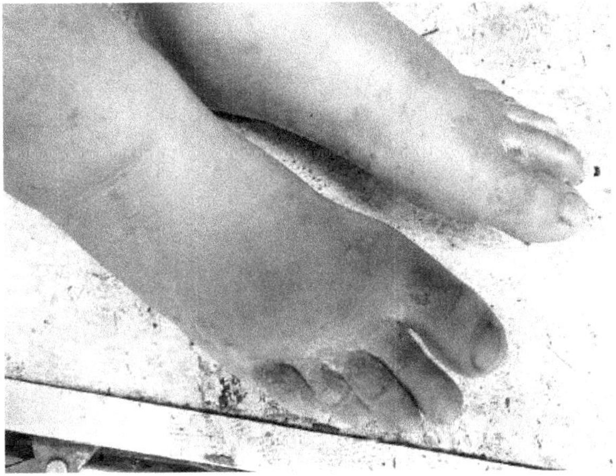

Fonte: arquivo pessoal.

Para axilas, ombros, virilha e a parte interna da coxa, é recomendável, também, o uso de produtos deslizantes para evitar assaduras, sendo a vaselina sólida o coringa para tudo. Bermuda lycra térmica é boa opção caso autorizado o uso pela coordenação. Use a sunga do primeiro ao último dia do curso.

As mãos começam a apresentar lesões devido a um motivo principal: todas as flexões são pagas com "punho cerrado", independentemente do tipo de solo, terra, grama, cimento, asfalto, brita etc. É imprescindível o uso de antissépticos. Em razão das feridas, as mãos podem infeccionar e inchar, demandando o uso de antibióticos, seguindo recomendação médica.

Figura 41 – Foto das mãos de um aluno na 2ª semana de curso.

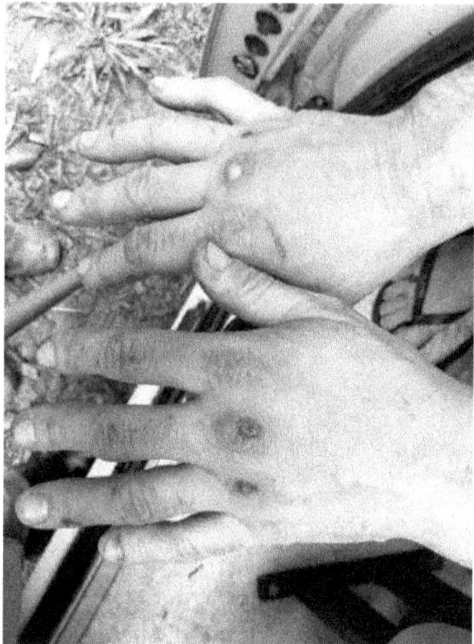

Fonte: arquivo pessoal.

É importante ressaltar que a automedicação é proibida em qualquer situação de curso. Assim, havendo necessidade, a equipe médica que acompanha o curso fará o atendimento e prescreverá o medicamento a ser utilizado. É dever do aluno, entretanto, a higiene pessoal e os cuidados com os ferimentos.

Numa seara mais grave, é preocupante a ocorrência de óbitos durante o Curso de Operações Especiais ou logo no processo seletivo. Nenhuma coordenação de COEsp deseja tal resultado, pois todos os candidatos são irmãos de farda, pais ou filhos de família e têm o respeito dos Caveiras só pelo fato de se candidatarem, pois não são muitos os que se atrevem a sair da zona de conforto e aceitar o desafio.

Um dos contextos de óbito, se dá em decorrência da famigerada rabdomiólise[8], síndrome grave que se desenvolve quando há uma lesão muscular seguida da necrose do tecido, fazendo com que

8 O nome vem de "destruição da musculatura estriada", onde rabdo = estriada, mio = musculatura e lise = destruição.

as substâncias intracelulares sejam liberadas no sangue, provocando danos ao organismo, sobretudo aos rins. As causas da rabdomiólise em curso ocorrem por uma combinação de esforço físico exagerado, temperatura corporal elevada e não ingestão de água. O uso de substâncias que causam distúrbios metabólicos potencializa a ação. Os sintomas envolvem fraqueza muscular, dores de cabeça, dor muscular e coloração escura da urina. Se o aluno apresentar redução na produção de urina, a hidratação deve ser intensificada. Portanto, "ordem ao turno: esvaziar o cantil".

Figura 42 – Alunos do COEsp se hidratando.

Fonte: arquivo pessoal.

A Bahia, infelizmente, vivenciou o caso em que quatro policiais militares desenvolveram rabdomiólise no processo seletivo para o 5º Curso de Operações Policiais Especiais – COPES, em 2013. O teste consistia em uma corrida de dez quilômetros no entorno do Batalhão de Polícia de Choque, sendo que os candidatos deveriam trajar calça do uniforme operacional com coturno e sem camisa, estando classificados os que concluíssem o trajeto no período de uma hora. Quatro policiais tiveram sintomas de náuseas quando realizavam a prova (G1, 2013). Dias após, três deles, um tenente e dois soldados, morreram em decorrência da rabdomiólise.

No Rio Grande do Norte, em 2019, um policial militar faleceu por choque séptico durante a realização do VI Curso de Operações Especiais (TRIBUNA DO NORTE, 2019). O choque séptico é o resultado de uma infecção que se alastra pelo corpo rapidamente, afeta vários órgãos e pode levar à morte. O uso recente de medicamentos esteroides pode ser um fator de risco para desenvolvimento da doença.

O ano de 2018 registrou outras três mortes em cursos de operações especiais. Na Bahia, um soldado desmaiou e teve parada cardíaca enquanto realizava atividade aquática no VII COPES, falecendo no hospital por morte cerebral (G1, 2018). No Rio de Janeiro, um cabo teve desidratação e hipotermia, decorrente de desgaste físico, durante exercícios finais do COEsp, morrendo com parada cardíaca no hospital (O GLOBO, 2018). Em São Paulo, um soldado faleceu durante um dos exercícios de instrução aquática do curso do COE (R7, 2018).

Tocantins também registrou um caso de morte em decorrência de traumatismo craniano ocasionado a um sargento durante a realização do curso de operações no ano de 2003 (ESTADÃO, 2003).

Em 2021, um soldado faleceu, após mal súbito, durante a instrução de travessia aquática do Curso de Operações Especiais do Rio de Janeiro (G1, 2021).

3.2 DO LADO LISO DA PRANCHETA: O CURSO DE OPERAÇÕES ESPECIAIS DE SC AOS OLHOS DA COORDENAÇÃO

Em 2011, logo após o término do Curso de Especialização em Operações Especiais (CEOE) quando me formei o Caveira do Gelo 27, fui imediatamente transferido do 16º Batalhão de Polícia Militar para o BOPE, dando início à minha carreira de operações especiais. Oportunidade ímpar, pois tive a honra de ombrear com operadores que eram ícones para mim.

Porém, a oportunidade de atuar na formação de novos Caveiras veio somente em 2014, quando o VI Curso de Operações Especiais de Santa Catarina foi oferecido. Naquela época eu era Comandante do COBRA, um grupo de somente 7 operadores, contando comigo. Estávamos muito ansiosos pelo evento, pois a incorporação de novos Caveiras era urgente, urgentíssima! Participei diretamente do planejamento e execução do curso como instrutor e monitor das atividades. O mesmo aconteceu com o VII COEsp, em 2016.

Em 2019, tive a honra de ser designado pelo Comandante do BOPE para coordenar o VIII COEsp de SC. Juntamente com dois Oficiais secretários, além de todo o efetivo do COBRA, elaboramos um planejamento com foco no operador final, respeitando as tradições das operações especiais de Santa Catarina e selecionando tudo o que havia de melhor e de pior dentre as doutrinas nacionais, especialmente do Rio Grande do Sul, além do Paraná e do Distrito Federal, onde tínhamos representantes no COBRA.

Coordenar um COEsp certamente é uma das mais difíceis missões que um Oficial pode enfrentar, muito mais complexo do que atender qualquer ocorrência de altíssimo risco. É uma responsabilidade colossal sobre os ombros. Para ser selecionado como coordenador de curso de OE, é preciso ser reconhecido com nível de maturidade operacional, formativa e de liderança na Unidade para guiar a cadência das etapas, 24 horas por dia e durante todo o curso. Tratava-se de selecionar efetivo, levando em conta critérios extremamente rigorosos e, também, que os futuros alunos eram, antes de tudo, esposos, filhos ou pais de família.

O dia zero de apresentação para o curso é, com certeza, um dos momentos mais difíceis. O aluno está com "olhos de Mônica" e a coordenação, em uma simples análise, consegue realizar a leitura da linguagem não verbal dos que estão vibrando, assustados, apavorados, já não aguentando mais ou se perguntando "o que eu estou fazendo aqui?". É um dos momentos mais preciosos do curso, pois os Caveiras estão como "pinto no lixo" e os alunos "mais perdidos que cego em tiroteio", para não dizer "um bando de charlie em festa da romeo".

Figura 43 – Dia zero na sede do BOPE.

Fonte: arquivo pessoal.

O aluno chega no BOPE e já está pagando flexão no primeiro segundo, correto? Não. Existe todo um procedimento administrado a ser realizado com documentações, leitura do manual do aluno, esclarecimentos de direitos e deveres, condutas de ensino, hipóteses de desligamento do curso e, principalmente, o rito de desistência voluntária sacramentada com o badalo do sino que acompanha o turno do primeiro aos últimos momentos do curso.

Esse período pode levar horas ou dias, dependendo do Estado. Em Santa Catarina, é tradicional realizar a conferência de enxoval e fiscalizar o aprestamento de todos os materiais. Mas, são literalmente todos, caso falte uma agulha, o sujeito é desligado. Sempre há desligamentos, seja por esquecer isso ou aquilo ou apresentar algum material fora do padrão. A recomendação é simplicidade. Se a orientação é de um cabo solteiro de 6 metros, deve ser apresentado um cabo solteiro de 6 metros e não um de 5 metros, simples assim! É um dos raros momentos em que a coordenação desligará compulsoriamente o aluno. Nessa ocasião, também há muitas desistências, pois alguns alunos, ao compararem a precária organização de seus equipamentos com a razoável organização dos equipamentos do colega ao lado, já perdem a cabeça.

No VIII COEsp em 2019, como de praxe, houve um desligamento na etapa de conferência do enxoval, e outro, por insuficiência técnica. Todos os demais "pediram para sair" e caminharam até o sino. A natureza dos pedidos era muito diversificada, a exemplo de:

- saí porque não estava mais conseguindo raciocinar;
- preciso me preparar melhor fisicamente;
- não conseguia acompanhar o turno, estava ficando para trás;
- minha mochila arrebentou e estava me prejudicando nos deslocamentos;
- acho que me faltou preparo físico;
- não sei porque saí, quando vi já tinha batido o sino;
- fiquei esgotado, minhas costas travaram;
- já vim machucado, com problemas no joelho;
- meus pés estavam doendo, não conseguia mais continuar;
- não aguentei mais, comecei a sentir câimbras;
- perdi para a cabeça;
- essa "porra" não é para mim;
- preciso me preparar melhor tecnicamente;
- o saco estourou;
- saudade de casa e dos meus lazeres;
- o frio me matou;
- não sei o que aconteceu, simplesmente baixou o moral.

Tais depoimentos foram colhidos logo após o pedido de desligamento voluntário dos alunos, durante conversas informais em um ambiente que chamamos de "fora de situação" com banho e comida quente. Incrível como "fora da Matrix", o "Seu Aluno Fulano de Tal" parece ser uma pessoa completamente diferente do "Soldado Fulano de Tal". Ainda adrenalizados e com sintomas de "Síndrome de Estocolmo"[9], procuram se desculpar ou justificar a saída, como se isso fosse necessário. Não são raras as vezes em que os Caveiras choram junto com os desistentes. Já estivemos lá e sabemos como as coisas são. É um momento de absoluto respeito.

Com intuito de rastrear sintomas de adoecimento psicológico e a percepção do militar quanto ao seu desligamento, um relatório do serviço de psicologia da Diretoria de Saúde e Promoção Social da PMSC, com base em entrevistas aos alunos que saíram do VIII COEsp, não apontou sintomas psicológicos preocupantes, apenas sintomas decorrentes de estresse, contexto natural em razão da natureza do treinamento. Quanto aos desligamentos, foram identificadas as seguintes impressões com base em evidências empíricas:

1º - alunos que, durante o curso, constataram que não tinham perfil para a atuação em Operações Especiais;

2º - parte dos alunos identificou que não se encontravam psicologicamente preparados para realizar o curso. Esta parcela de militares havia se esforçado para a preparação física, contudo não se preocupou em buscar condicionamento psicológico. Entretanto, alguns demonstraram interesse em se preparar psicologicamente para os próximos cursos;

3º - uma parcela menor dos policiais relatou que trouxe consigo situações pessoais pendentes, como filho recém-nascido, relacionamentos pessoais, entre outras, que impactaram seu equilíbrio emocional. Essa instabilidade gerou contextos de vulnerabilidade psicológica e, em consequência, falta de atenção e vontade de sair do curso.

Cerca de 70% dos desistentes "batem o sino" na fase da rusticidade, em poucos dias de treinamento. Ao longo do curso, as saídas

9 Síndrome de Estocolmo é um estado psicológico em que a pessoa submetida a intimidação, medo, tensão e até mesmo agressões, passa a ter empatia e sentimento de amizade por seu algoz.

continuam acontecendo, mas em uma curva exponencial inversamente proporcional ao número de dias, em outras palavras, quanto mais tempo o policial está em curso, maiores são as chances de ele chegar ao final. Entretanto, até o último dia muita coisa pode acontecer e as saídas se dão pelas razões a seguir:

- as desistências voluntárias normalmente ocorrem porque o aluno tem dificuldade de trabalhar em equipe e não cria espírito de corpo com o turno. Coisas como divisão de tarefas, descanso, comida e proatividade são fundamentais;
- eventualmente algum aluno pode ser desligado por restrição médica, seja por problema de saúde anterior ou por algum acidente, durante o percurso, que o impeça de continuar;
- há sempre o "fantasma" do desligamento por insuficiência técnica que pode ser apontado pela coordenação a qualquer tempo, por reprovação em alguma disciplina ou inaptidão às operações policiais especiais em decorrência de comportamento cotidiano.

Não é difícil perceber, a partir de uma análise comparada aos processos seletivos de forças de operações especiais de todo o mundo, que o cerne dos métodos é semelhante. Um interessante estudo realizado por Picano, Willians e Roland (2009), sobre avaliação e seleção de indivíduos envolvidos em missões de alta precisão, não convencionais, sob condições perigosas e difíceis, identificou quatro atributos essenciais para um desempenho bem-sucedido em posições de elevada exigência operacional, mesmo com o passar do tempo (da 2ª Guerra Mundial aos dias atuais): estabilidade emocional, adaptação a situações, habilidade de trabalhar em grupo e vigor físico em geral.

É preciso distinguir o "*the right stuff*", como menciona Denécé (2009. p. 343), para a seleção dos indivíduos realmente aptos a se tornarem integrantes de forças de operações especiais. As provas do processo avaliativo multiplicam situações de estresse, para discernir entre os que se revelam verdadeiramente capazes de reagir com calma a situações difíceis, apesar da fadiga e do desconforto. Além da rusticidade, os recrutadores se interessam pelos pretendentes que demonstram cinco qualidades psicológicas: autonomia, aptidão para o trabalho em equipe, capacidade de exercer seu julgamento em ambiente fortemente estressante, habilidade de se adaptar às circunstâncias e autodisciplina.

Uma pesquisa realizada em 2016, com o 2º COEsp da Polícia Militar do Pará, por um irmão de turno – o Caveira do Gelo 26, analisou 56 candidatos selecionados a iniciar o curso, que durou 14 semanas e teve 14 aprovados (25%). O estudo concluiu que é verdadeira a importância dada à devida preparação física para o curso, mas que a falta de preparação psicológica foi apontada como o motivo principal de desistência, assim como o efetivo condicionamento psicológico foi decisivo para a conclusão do curso pelos candidatos inscritos. A maioria dos concludentes tinha entre cinco e dez anos de efetivo serviço; prepararam-se para o curso em tempo superior a dois anos; consideraram o programa inteiro muito difícil, independente de alguma fase específica (rústica, técnica ou de operações). Afirmaram, ainda, que o fato de terem esposas e filhos influenciou positivamente, aumentando a motivação para que conseguissem o sucesso. (DUARTE, 2017).

O equilíbrio das emoções, portanto, revela-se peça-chave para aquele que almeja superar o laboratório do curso de operações especiais e, posteriormente, atuar em reais ocorrências policiais de alto risco. Nesse viés, é válido mencionar a estrutura teórica da inteligência emocional:

> [...] capacidade de criar motivações para si próprio e de persistir num objetivo apesar dos percalços; de controlar impulsos e saber aguardar pela satisfação de seus desejos; de se manter em bom estado de espírito e de impedir que a ansiedade interfira na capacidade de raciocinar; de ser empático e autoconfiante (GOLEMAN, 2011, p. 73).

De tudo que foi colacionado, resumiria em breve síntese que o vencedor do rito de passagem de um COEsp é uma pessoa que "tem coração" e sabe trabalhar em grupo. O excepcional condicionamento físico já é uma valência demonstrada por todos que foram aprovados nos testes seletivos de aptidão física.

O coração, no sentido figurado, compreende as questões do espírito, da vontade de vencer, de não "colar as placas" e continuar raciocinando em situações de adversidades. Trata-se de não perder para a cabeça quando ela tenta fazer você desistir. Quando você começa a ficar desconfortável, sua mente quer te induzir a se render, como se alguém dentro da sua cabeça dissesse: "Pare!"; "Não aguentas mais! Teu joelho, tornozelo, pé ou qualquer outra coisa está te incomodando!"; "Cara, para quê? Esses Caveiras são uns retardados. Desnecessário!"; "Isso não é para você, essas coisas não têm sentido"; "Desista logo e vá para casa, lá tem comida e uma cama quente te esperando". Enfim, se você desistir naquele momento, seu sofrimento acabará, mas tenha a certeza que após dormir e comer tudo o que conseguir, mesmo no conforto do lar, o curso ainda não terá saído de você. Entretanto, se você é a pessoa que não quer aceitar a derrota, que apesar de todo seu corpo doer, ainda busca a última gota de vontade, que, literalmente, "dá o sangue" e entrega tudo de si, esse é o caminho da vitória.

Saber trabalhar em grupo é imprescindível para a sua sobrevivência. Hoje você está ajudando, amanhã será ajudado. O desenvolvimento do espírito de corpo faz com que um grupo de pessoas se tornem uma só: um turno. Será assim no curso e durante toda a sua vida operacional. A sua vida depende do camarada que está ao seu lado. Os laços de combate, conforme anotou Grossman (2007), forjam uma relação afetiva mais forte do que quase tudo (exceto o amor que une pais e filhos), pois nasce durante a batalha, onde o bem mais precioso que você tem, a sua vida, depende do homem ao seu lado; se for abandonado por ele, você será ferido ou morto. Se você falhar, o mesmo pode acontecer a ele, de modo que os laços de confiança precisam ser extremamente fortes.

Toda coordenação de COEsp está sempre com foco no objetivo final, que é selecionar os mais aptos e capacitá-los. Aprende-se muito em cursos dessa natureza, não somente no campo filosófico e espiritual, mas essencialmente na evolução técnica. É por isso que a contrapartida da coordenação, para com os alunos que estão entregando a "carcaça", sempre será a escolha dos melhores instrutores para as disciplinas curriculares. O professor se esforça ao máximo para compartilhar o conhecimento específico, já o aluno tem o dever de se doar totalmente para absorvê-lo.

As disciplinas são dispostas em um encadeamento lógico que se encarrega de garimpar a pedra bruta, lapidá-la e transformá-la em uma joia. O garimpo ocorre na fase da rusticidade, com a escolha das pedras que se encaixam no perfil desejado. É a fase mais difícil. Depois, as pedras são lapidadas para alcançarem o formato desejado e, nesse processo, algumas se quebram. Findado o processo, surge uma valiosa e rara pedra preciosa. Assim, ressalvadas as devidas proporções temporais, um Curso de Operações Especiais é elaborado de modo a contemplar as seguintes fases:

- rusticidade;
- preparação individual;
- preparação coletiva;
- viagens de estudo; e,
- eventos finais.

A **rusticidade**, fase de intenso desgaste físico e psicológico, com restrições de alimentação e descanso é, sempre, incrementada a partir das características climáticas de cada Estado. Em Santa Catarina, por exemplo, o "frio é de congelar" e, por isso, instruções de sobrevivência, orientação, busca terrestre, planejamento e execução de operações especiais são intermináveis.

A **preparação individual** aperfeiçoa e avalia o desempenho particular do aluno. São instruções técnicas fundamentais para as demais disciplinas, explorando a tática individual, APH tático, defesa pessoal, técnicas verticais, mergulho autônomo, muito tiro e a habilitação em todas as armas existentes na PMSC.

A **preparação coletiva** treina e molda o indivíduo para o trabalho em equipe. Disciplinas como combates em ambientes confinados (CQB), patrulha urbana, patrulha rural, operações anfíbias, operações coordenadas e desativação de cargas explosivas são exploradas à exaustão.

As **viagens de estudo** oportunizam o compartilhamento de experiências, doutrina e o fortalecimento da camaradagem entre as operações policiais dos Estados.

Em Santa Catarina, desde a primeira edição, em 1995, a Polícia Militar do Paraná e a Brigada Militar do Rio Grande do Sul são sempre visitadas. Uma delas, entretanto, reveste-se de especial importância, trata-se do encontro histórico entre os turnos do 13º Curso de Especialização em Operações Especiais (CEOE) do BOPE – RS com o VIII COEsp de SC, que oportunizou a confraternização entre os Caveiras do Gelo e os Caveiras Cobra. Poder retornar ao solo sagrado no qual fui lapidado e unir a doutrina barriga-verde com a gaúcha foi, sem dúvida, um momento ímpar.

Figura 44 – Encontro dos turnos do RS e SC em Porto Alegre, 2019.

Fonte: arquivo pessoal.

Há que se ressaltar, em relação às disciplinas, a inédita realização do treinamento de paraquedismo com os alunos VIII COEsp de SC na modalidade ASL - *Accelerated Static Line*, salto característico de lançamento de tropas militares, distinguindo o BOPE - SC como uma das poucas unidades que executam essa atividade.

Figura 45 - Salto realizado por aluno do VIII COEsp, em Torres – RS.

Fonte: arquivo pessoal.

Os **eventos finais** cuidam em avaliar todos os conhecimentos aprendidos ao longo do curso, submetendo o indivíduo e o seu turno a provações que vão sacramentar o espírito guerreiro e celebrar a transformação do homem comum no imortal operador de operações especiais, um Caveira em vida. É o período em que ocorre a mítica instrução conhecida como SERE – *survival, evasion, resistance and scape* (sobrevivência, evasão, resistência e fuga), característica das Forças de Operações Especiais do mundo inteiro.

Figura 46 – Brevetação: momento glorioso de transformação do Aluno a Caveira.

Fonte: arquivo pessoal.

Figura 47 – Apresentação dos Novos Caveiras e a sonhada faixa de boas-vindas.

Fonte: arquivo pessoal.

3.3 DO LADO RUGOSO DA PRANCHETA: DE PAISANO A CAVEIRA, MEMÓRIAS DE UM ALUNO

O "lado rugoso da prancheta" é um jargão militar que se refere ao policial que se encontra na condição de aluno, principalmente nos "cursos de ralo", nos quais sua rotina é exclusivamente dedicada ao ensino. Nesta seção, exponho parte da minha trajetória, mas sob o olhar de discente, com intuito de revelar as agruras e superações percorridas, atravessando difíceis caminhos ao frequentar os Cursos de Táticas Policiais, Ações Táticas Especiais e Operações Especiais. É uma espécie de depoimento que talvez sirva de incentivo ou inspiração a outros policiais militares que desejam ser operacionais de alta performance.

3.3.1 O ingresso na Polícia Militar de Santa Catarina

Minha formação na educação básica foi feita em colégios particulares, pagos pelos meus pais, mas isso não significava um mundo de privilégios, sempre fui "bicho solto", criado em um bairro de muita violência e tráfico de drogas. Aos 13 anos fui contratado como limpador de vitrines de um famoso shopping center de Florianópolis. Foi o meu primeiro emprego. A partir daí tive diversos outros, fui faxineiro, auxiliar para um cego massagista, agente de saúde da Prefeitura Municipal de São José, funcionário de uma casa de bingo, até que, finalmente, ingressei na briosa Polícia Militar de Santa Catarina.

Quando limpava vitrines no shopping, recebia o salário com atraso e, algumas vezes, não recebia. Como auxiliar do massagista cego, trabalhava sem carteira assinada, mas recebia o meio salário-mínimo em dia e tinha autorização para estudar nos horários sem clientes. Como agente de saúde temporário, função assumida após aprovação em concurso com nível escolar até a 4ª série do ensino fundamental, andava quilômetros fiscalizando pneus, ralos, plantas ou qualquer depósito com água em que o mosquito da dengue pudesse depositar suas larvas e se multiplicar. No Bingo, eu trabalhava até tarde da noite, todos os dias, inclusive feriados, sendo que às 6h tinha de estar no ponto de ônibus para ir à Universidade Federal de Santa Catarina frequentar o curso diurno de Engenharia de Produção Civil. Naquele tempo, eu precisava trabalhar para ter o que comer. Já estava na 7ª fase fatorial[10] quando o Bingo faliu e eu sequer pude sacar meu FGTS ou receber o seguro-desemprego, uma vez que a empresa havia sonegado os pagamentos ao INSS.

Foi nesse contexto que, em 2002, prestei concurso público para o Curso de Formação de Oficiais (CFO) da Polícia Militar de Santa Catarina. Naquele tempo, o requisito para ingresso era o ensino médio. Fiz a prova, mas não obtive a média mínima. Precisaria ter acertado mais duas questões. No ano seguinte, em 2003, assim que foi lançado o edital, tranquei a faculdade e me dediquei aos estudos cerca de 18 horas por dia. Fui aprovado em décimo lugar, de um total de 23 vagas masculinas, que felicidade! O CFO, naquele tempo, acontecia em regime de internato e durava quatro anos. Minha atuação foi primorosa e concluí o curso como primeiro colocado da turma. Vibrei muito durante todos aqueles anos como Cadete. Afinal, sai da condição de desempregado e desacreditado para então receber alojamento, alimentação, salário (o maior que já havia recebido até então, correspondendo ao soldo de um Soldado 3ª Classe), graduação de Bacharel em Segurança Pública pela Universidade do Vale do Itajaí e, ao final, ser nomeado para uma função pública, com estabilidade e aposentadoria garantida. Nada poderia ser melhor.

Desde o CFO, admirava os raros Caveiras que frequentavam o pátio da Academia. Com ilibada postura, eram como se tivessem brilho próprio. Senti ali, referenciando-me nestes veteranos, que deveria me tornar um homem de operações especiais. Como vivíamos em regime de internato, costumava ir à reserva de armamento realizar treinamentos em seco com os revolveres e pistolas, com intuito de se-

10 Termo usado por estudantes de engenharia quando você deve matérias das fases anteriores, isto é, 7!, faltando, assim, matérias da 6ª, 5ª e 4ª fases..

dimentar os fundamentos do tiro, quais sejam, postura corporal, empunhadura, visada, respiração e, principalmente, o acionamento do gatilho. Eu gostava de colocar um estojo em cima do cano ou ferrolho da arma e acionar a tecla do gatilho até cansar o dedo, sem deixar cair o estojo. Certo dia um Cabo de serviço na reserva percebendo que eu reiteradamente visitava o local, fez a seguinte observação:

- Parece que o Senhor tem aptidão para a atividade operacional, deveria fazer o Curso de Táticas Policiais.

- Táticas!? Respondi, sarcástico. Não! Quero fazer o Curso de Operações Especiais.

- O Cabo atônito observou: Olha Cadete, se eu fosse o Senhor tentaria um táticas para medir a febre e se preparar para o COEsp.

- Não! Nem sei para que serve esse Táticas. Para que sofrer de graça? Quero ser Caveira.

- Sorrindo, o Cabo encerrou a conversa: Ok Senhor, vou "avisar" aos Caveiras que conheço.

Na reta final do Curso de Formação de Oficiais, realizamos diversas viagens de estudo pelo Estado, a fim de conhecermos a realidade dos Batalhões quanto às instalações, efetivo e área de atuação, para que pudéssemos ter alguma noção na escolha dos futuros locais de trabalho. O BOPE foi uma das últimas unidades a ser visitada. Felizmente, eu era o Chefe de Turma da semana e era obrigação deste fazer um agradecimento final, junto com a entrega de um mimo ao Comandante. Fiz um discurso emocionado, dizendo que era um sonho fazer parte daquela unidade futuramente.

Em 2007, estreou no Brasil o filme Tropa de Elite, popularizando o BOPE. Assistimos o filme na aula de sociologia de um professor civil com o uso de uma cópia de DVD pirata viralizada antes do lançamento oficial nos cinemas. Alguns jargões já existiam na caserna, mas muitas das falas dos protagonistas passaram a fazer parte do linguajar brasileiro.

No mesmo ano, fui promovido a Aspirante a Oficial (ou melhor, "Aspira", como todos nos chamavam por causa do filme) e escolhi trabalhar no 4º Batalhão, sediado em Florianópolis, porque ouvia na Academia que se você quisesse ser um Oficial experimentado, lá seria o local ideal. Escolhi de olhos fechados, entre todas as opções disponíveis e ainda contradizendo a "aposta" de um Comandante convicto de que os primeiros colocados eram normalmente estudiosos e procurariam os locais mais confortáveis para continuarem "papirando"[11].

Em 5 de maio de 2008, todos os recém-promovidos a 2º Tenente estavam reunidos no auditório do Centro de Ensino para redistribuição das vagas. Em razão de uma desavença entre o Comandante-Geral e o Comandante do 4º BPM, os antigos aspirantes não mais retornariam à unidade. De inopino, tive que escolher entre os Batalhões sediados em Biguaçu ou Palhoça. Sem conhecer ninguém em ambos os locais, escolhi Palhoça porque havia muita notícia de prisões e apreensões por lá, então seria um local em que certamente eu continuaria trabalhando na atividade operacional.

3.3.2 Táticas Policiais: a primeira prova de fogo

Logo após as escolhas, partimos em seis Oficiais direto para Criciúma onde iríamos iniciar o Curso de Táticas Policiais. Isso mesmo! Foi aberto edital pelo 9º BPM e resolvi aproveitar a oportunidade para adquirir essa chancela. Com o aspirantado no 4º BPM compreendi o quão importante era um táticas policiais, requisito em Santa Catarina aos policiais militares que trabalham no PPT (Pelotão de Patrulhamento Tático), antigo GRT (Grupo de Resposta Tática). Em equipe de 4 integrantes, o PPT era a viatura acionada para as ocorrências de alto risco na circunscrição do Batalhão como roubos, combate ao tráfico de drogas, patrulhamento tático móvel em áreas vermelhas ou qualquer outro apoio às viaturas de área que necessitassem o emergencial P-11[12]. No Brasil, o Curso de Táticas Policiais é cor-

11 Diz-se "papirão", na linguagem militar, o sujeito estudioso. Papiro é uma espécie de papel antigo, inventado pelos egípcios.

12 Código de comunicação via rádio que significa "apoio emergencial", "socorro". Bradado no rádio, todas as viaturas disponíveis deslocam para o local.

respondente ao Curso de Patrulhamento Tático Móvel (PATAMO), Força Tática, havendo outras nomenclaturas, conforme o Estado.

Chegando a Criciúma, fomos calorosamente recepcionados pelo Coordenador do Curso, um 1º Tenente "antigão", Caveira do 2º COEsp em 2000, famoso por trocar a cor dos olhos quando estava "incorporado". E era verdade! Quando chegamos, pude comprovar que em seus olhos arregalados um tinha cor verde e outro cor castanho. Tivemos o enxoval conferido, inclusive com o curioso item "saco preto para cobrir cadáver". "Quanto mais rápido, mais rápido!", bradava o Coordenador. Fomos numerados e deixei de ser o 2º Tenente Lucius para ser o Aluno 04. Recebemos nosso fuzil mosquefal e em bando (para assim nominar aquele grupo de 50 alunos desorientados) seguimos para uma incerta área de instrução.

Após o cerimonial de abertura do curso, iniciamos uma aula de atendimento pré-hospitalar com militares do 28º GAC (Grupo de Artilharia de Campanha) do Exército Brasileiro. Era o tipo de instrução que por si só "sugava" o aluno, ou seja, oficinas que simulavam um companheiro gravemente ferido e que deveria ser carregado, de acordo com as técnicas brevemente ensinadas. Caso a técnica fosse mal executada, o aluno e seu companheiro retornavam ao início. Depois de rastejar, arrastar, levantar de todas as formas, pela primeira vez no curso pensei em desistir. A minha sorte foi que quem estava comigo era o Aluno 05, indubitavelmente um dos caras mais "moralizados", no jargão militar, de Santa Catarina. Oficial da minha turma, convivemos estreitamente durante os 4 anos da Academia como vizinhos de armário, beliche e carteira. Foi simplesmente o 1º colocado do nosso Táticas Policiais e mais tarde do V COEsp, em 2009. Retornando à quase desistência, eu carregava o 05 no colo morro acima, pela segunda tentativa da "oficina da noiva", quando desabafei:

- 05, tá pesado, não consigo mais te carregar. Se me mandarem voltar, eu desisto!

- Nada irmão, você consegue, falta pouco – disse o 05, me olhando nos olhos, com olhar de tigre.

- Cara, não vou aguentar... E nesse instante, ele "escapou" do meu colo.

- Volta! Grita o militar do 28º GAC que monitorava a oficina.

- Imediatamente o 05 sussurra: 04, não fala nada. Chegando lá, eu vou te carregar.

Isso não era possível, pois pelas regras, cada um deveria cumprir o percurso conforme a técnica, sob pena de ser desligado do curso por insuficiência técnica e o Aluno 05 já havia executado. Chegando no início da pista, outras duplas começaram a se aproximar para execução do exercício. Nisso, o 05 me pega no colo e vai subindo aquele morro com inclinação de 45º. No meio do caminho retomei a conversa:

- Que porra é essa?

- Relaxa irmão, aquele indecente já nem sabe mais quem é quem – respondeu confiante o 05.

- Fico te devendo essa, prometi.

- Não me deves nada.

Alcançando o cume, passou-se à outra oficina. Era necessário improvisar uma maca com troncos e uma manta ali disponíveis, além de carregar um recruta que deveria ter 1,90 metros e pesar 120 quilos, com certeza o militar mais pesado do 28 GAC, diligentemente escolhido pela equipe de instrução. Próximo da linha de chegada, o sujeito advertiu:

- Quando chegar lá, me coloca no chão com cuidado.

Foi o que não fizemos. "Cuidadosamente" o arremessamos em um monte de pedras e corremos em direção a uma fogueira, onde era possível avistar um pequeno grupo de alunos se aquecendo. Aquela sensação não teve preço. Já era de manhã e quando a contagem do grupo foi feita e a metade já tinha ido embora.

Reorganizado o turno, distribuídas as cangas, seguiram as instruções. Agora, porém, eu estava totalmente focado, aquela "quase morte" me deu sobrevida. Lembro inclusive de ter sido escolhido como o destaque de campo por um militar do Exército, o qual me deu a honra de hastear a bandeira nacional e de ser o novo Xerife do turno. Ser Xerife é algo que abala o psicológico de qualquer um. O turno passa a estar sob seu comando e você "na alça e massa" da monitoria. Quanto mais bisonho, mais tempo você permanece, é tudo que a coordenação deseja. Todos serão Xerife, portanto, caso queira concluir o curso, esteja preparado para isso.

Em uma determinada manhã, assumiu a instrução um Capitão da PMSC que era, à época, o mais conceituado especialista na área de choque. Eu como Xerife, apresentei o turno com extrema vibração:

- Permissão Senhor! Aluno 04, do 5º Curso de Táticas Policiais do 9º Batalhão de Polícia Militar, apresento o turno sem alteração, Senhor!

- Bom 04 – Aprovou o instrutor – Quantas completas vocês estão devendo?

- Completa? Nenhuma, Senhor!

- O Senhor sabe o que é uma completa Seu 04?

- Sei, sim Senhor!

- Então, tá! Por gentileza, gostaria que o Senhor coordenasse o pagamento de uma completa para acordar esse seu turno.

Uma completa, em Santa Catarina, são 10 apoios, 10 abdominais e 10 polichinelos. Eu sabia disso, mas nunca me avisaram que a execução dos movimentos era coordenada com todos do turno e que havia uma voz de comando específica para tal. Convicto, conforme padrão que realizávamos na academia, fiquei na posição de flexão e ordenei ao turno:

- Abaixo, acima!

- Eles executaram o movimento de forma descoordenada e responderam: um!

- Abaixo, acima!

- Dois!

- Abaixo, acima!

- Três!

De repente, interfere o instrutor:

- "Pa-pa-pa-raí" 04, que porra é essa? O Senhor não sabe pagar uma completa, 04?

- Sei, sim Senhor - Respondi, acreditando que o problema estava na descoordenação do turno e a culpa sempre é do Xerifc.

- Então tente novamente, 04 - Orientou o instrutor com um sorriso maroto.

- Atenção ao turno, ao meu comando: abaixo, acima!

- Um!

- Abaixo...

- Para, porra! Vem cá 04 - Gritou o instrutor.

Quando me aproximei, tomei uma lambada no capacete com uma madeira que se partiu ao meio. A energia foi tanta que cheguei a dobrar o joelho. Me segurando pela camisa, perguntou o instrutor:

- Tudo bem com o Senhor 04?

- Sim, senhor.

- O Senhor está machucado?

- Não, Senhor.

- Está vendo como o capacete funciona 04?

- Sim, senhor.

- OK, fique aqui e observe. Vou verificar se alguém do seu turno sabe pagar uma completa. Ô 16, venha aqui e demonstre o pagamento de uma completa – ordenou o instrutor.

A 16 era uma policial feminina casada com policial militar do PPT, o qual certamente havia passado todos os "bizus". Aliás, meu turno tinha duas mulheres que bravamente concluíram o curso. Eis que a fulana, vibrando, ordena:

- Atenção ao turno. Para o pagamento de uma completa. Posição de flexão, um dois!

- Três, quatro! – Responde o turno em coro.

- O zero é meu! – fala a 16.

- O resto é nosso! – responde o turno.

- Ze-ro, um, dois, três, quatro, cinco, seis, sete, oito, nove, dez. Para o abdominal, o zero é meu! – comanda a 16.

- O resto é nosso! – responde o turno novamente.

- Ze-ro! Um, dois, três... dez. Para o polichinelo, o zero é meu!

- O resto é nosso!

- Ze-ro! Um, dois, três... dez!

Todos terminam coordenados. A 16 vai na direção do instrutor e informa: uma completa paga Senhor!

- O Senhor aprendeu? Quem é o Senhor? Me perguntou o instrutor.

- Sou o aluno 04, Senhor.

- Vou reformular minha pergunta. Na outra vida, quem era o Senhor?

- Tenente Lucius, Senhor.

- Certo. E qual foi sua colocação na Academia?

- 1º colocado Senhor.

- Hahahahaha, seu fanfarrão! Agora o Senhor vai subir nesse tronco que os Oficiais da sua turma vão ficar segurando e o Senhor vai assistir minha aula repetindo a frase: eu sou zero um porque passei colando!

Toda essa narrativa é para contextualizar o quão despreparado para o curso eu estava. Aprendia muito na maioria das instruções, normalmente conduzidas por Caveiras. O alto nível de conhecimento nos diversos assuntos, só aumentava o meu respeito por eles. Quase tudo era novidade, pela primeira vez estava tendo aulas de patrulhamento tático móvel, rapel e noções de explosivos.

Alguns dias se passaram e houve uma ocasião em que viajamos de Criciúma a São José para termos instrução com o BOPE. Apenas um Caveira nos recebeu. Este, junto com o nosso coordenador (que estava com a cor dos olhos trocadas, ou seja, com a Caveira incorporada), colocaram o turno em um nível de "alopração" por meio de comandos múltiplos como senta, levanta, vai, volta, posição de flexão, permanece, corre, de volta para a posição, se não aguenta, vai embora, todos vão pagar pelo ciclano etc. Quando ganhamos "área verde"[13], pela segunda vez pensei em ir embora. Dessa vez não era o físico, mas a cabeça, o "saco estourou". O BOPE era bem próximo da minha casa, comecei a pensar na minha filha de apenas 1 ano, no conforto de casa e então procurei o 05:

- Irmão, "encheu o saco", já provei o que tinha que provar, vou embora para casa, já aproveito que fica aqui do lado.

- Relaxa 04, isso tudo vai passar, daqui a pouco estamos em casa – respondeu o 05.

Nesse ínterim, apareceu o 06, outro Oficial da minha turma e me tranquilizou:

- 04, calma irmão, senta aqui, respira e come esse chocolatinho.

Era um bis branco que o 06 tinha conseguido camuflar entre seus equipamentos. Que delicioso estava aquele chocolate... dei uma mordida, devolvi o restante, olhei seriamente para eles. Juntos começamos a gargalhar, que sensação incrível!

Com a duração de 3 semanas, findou-se o curso com 21 concludentes, dos 50 que começaram. Prometi a mim mesmo que não faria mais nenhum curso de "ralo". Achei muito sofrido, mas a etapa estava paga. Eu já fazia, naquele momento, parte da minoria de policiais militares que completaram o Curso de Táticas Policiais. O índice de aprovação em Santa Catarina é em torno de 50%. A bem da verdade me formei na "brabeza", não estava adequadamente preparado para o curso. Mas, não me culpo por isso, naquela época pouco se sabia sobre a "batida" do evento e, assim, só estando lá dentro para se ter conhecimento.

13 Local de descanso para o turno.

Figura 48 – Solenidade de formatura do Curso de Táticas Policiais do 9º BPM. Criciúma – 2008.

Fonte: arquivo pessoal.

Após alguns dias de folga, me apresentei no 16 BPM, agora em Palhoça, local que escolhi para trabalhar em decorrência do impedimento de retornar ao 4º BPM. Era uma tropa veterana, muitos com mais de 25 anos de carreira, mas extremamente dedicados ao serviço. Aos poucos fui ganhando o respeito de todos, pois era abnegado à atividade operacional. Mesmo estando no Batalhão resolvendo diversas pendências administrativas, ficava sempre atento à radiocomunicação das viaturas e voluntariamente deslocava para qualquer ocorrência de média complexidade. Óbvio que as "melhores" ocorrências demandavam o acionamento do PPT. Mesmo não estando como Oficial de dia, Comandante do policiamento, ia ao local para prestar eventual apoio.

Em alguns meses, assumi a Chefia do P-2 (Agência de Inteligência) e o Comando do 16º PPT. O Oficial anterior, um grande amigo que conheci lá, entendeu que era o momento de renovação e me passou o bastão. Me envolvi a fundo com as ocorrências. Tinha muita dificuldade em trabalhar à paisana nas diligências do P-2. Meu negócio era estar usando o camuflado, em 4 integrantes na "barca", torcendo para que o "bicho" aparecesse. E, eventualmente, apareciam, pois ocorrências sinistras aconteciam naquele município. Frei Damião, por exemplo, é a maior favela do Estado, com estrada de chão batido, sem saneamento básico, esgoto a céu aberto e casa de pau. São mais de 30 mil m^2 de área, a maior parte invadida, cenário que não corresponde à realidade catarinense. Tempo de muito aprendizado com os Soldados mais antigos.

Figura 49 – 16º PPT em evento que marcou a mudança do fardamento camuflado cinza para o camuflado cáqui a todos os Táticos do Estado.

Fonte: arquivo pessoal.

A chama para a busca da Caveira reacendeu. Muito treinamento técnico era realizado junto ao 16º PPT, as típicas instruções, coisas que um Tenente gosta de fazer. Os treinamentos físicos também voltaram com força.

Certo dia fui convocado para compor a guarda-bandeira em uma formatura do Centro de Ensino da Polícia Militar. Eu portava a bandeira nacional, um outro Tenente, mais moderno, a estadual. Além de nós, outros Cabos e Soldados completavam a guarda. Aguardávamos o início da formatura quando, de repente, um Tenente Coronel para na minha frente e começa a me "esculachar" na frente de todos:

- Que vergonha é isso 2º Tenente?

- O que houve, Senhor? Respondi surpreso.

- Saíste ontem da Academia e já está quebrando as regras. O que é esse listel no seu braço? Isso é contra o regulamento de uniformes da Polícia Militar.

- É o brevê que me deram na formatura do Curso de Táticas Policiais – Respondi, sério.

- Isso é um mau exemplo para o Centro de Ensino.

Não respondi mais nada. Permaneci em silêncio e olhava fixamente dentro dos olhos daquele Oficial Superior. Aguardei alguns dias por algum procedimento administrativo, mas não apareceu nada. Daquele dia em diante, passei a escrever um projeto para a criação do brevê de peito do Curso de Táticas Policiais. Não aceitava o fato de não poder utilizar nada que ostentasse a minha condição de "Taticano". Desenvolvi a heráldica com os símbolos que já havia nos PPTs: o punhal e o raio em cima de um campo de xadrez. O formato foi inspirado no brevê do COEsp, substituindo a caveira pelos elementos citados, mantendo os louros da vitória. Um Capitão desenhista fez a formatação em um programa adequado. Com o projeto pronto, a aprovação pelos canais competentes foi uma lenda. O indeferimento era com base na insuficiência de carga horária para a concessão do brevê, pois, pelo diploma, faltavam 6 horas-aula. Ora, se contadas as horas extracurriculares não formalizadas, a carga horária seria o dobro. Apresentei o projeto a um Oficial do BOPE que se convenceu a entregar o brevê de maneira "simbólica", como lembrança, aos formandos de outro Táticas Policiais promovido pela Unidade. Por "usos e costumes", todos no Estado passaram a usar. Até hoje muitos pensam que quem idealizou esse brevê foi o referido Oficial do BOPE. Atualmente, o distintivo possui regulamentação.

Figura 50 – Brevê do Curso de Táticas Policiais.

Fonte: arquivo pessoal

3.3.3 Aprendendo com a derrota

Finalmente, em 2009 foi lançado o processo seletivo para o V COEsp, a última edição havia sido em 2005. Curso de Operações Especiais em Santa Catarina é como Copa do Mundo, acontece de 4 em 4 anos. Dessa vez o edital previa uma grande novidade: um TAF específico para o COEsp com provas novas como apneia, natação, subida em corda, de caráter eliminatório e/ou classificatório, a partir de parâmetros altos, aplicadas após o TAF padrão PMSC. Precisei treinar muito para as atividades realizadas na água, pois precisava melhorar meus índices. Aprovado no TAF, consegui minha vaga em meio a muitas reprovações, preparei meu equipamento e fui para o curso.

Nos apresentamos no Centro de Ensino da Polícia Militar. Todos com "olhos de Mônica" em decorrência da máxima que "a espera da morte é pior do que a própria morte". Lembro-me de uma energia inenarrável, completamente diferente do que eu já havia vivido. Os Caveiras que eu "conhecia" me olhavam como se eu não fosse nada e os que eu nunca tinha visto, me olhavam como se eu fosse uma presa.

Agora eu era o Aluno 07 e estávamos em uma marcha infinita quando aflorou uma limitação médica que eu tinha, não contada até o momento. Tratava-se de um cisto pilonidal localizado um pouco acima do cóccix e que me incomodava desde os tempos de Universidade. Eventualmente inflamava e, quando acontecia, era necessário o uso de medicação específica para diminuir a inflamação. Com o passar dos anos o cisto piorava, mas eu adiava a busca por uma solução definitiva. Tinha dificuldades no exercício abdominal, mas executava com o quadril um pouco de lado. Não podia pilotar moto, pois se o fizesse, o resultado eram três dias de cama. Retornando à marcha, a mochila tinha o peso de uma casa e o final dela batia exatamente no meu cóccix. A dor aumentou muito e passou a abalar meu psicológico. Mal tinha começado o curso.

Em determinada altura do cerimonial foi lançada uma granada de emissão que caiu ao meu lado. Em meio àquele "barata voa" me contaminei com CS e cai no chão com ânsia de vômito, sintoma típico da contaminação desse agente químico. Estava no chão vomitando, com muita dor na lombar e me sentindo extremamente fadigado quando percebi um Caveira se aproximar e quase não consegui falar:

- Eu desisto Senhor!

- O que? Questionou o Caveira.

- Eu desisto Senhor!

Esse Caveira saiu e retornou com outro que gritou:

- Levanta 07!

- Eu desisto Senhor!

- Então vá bater a porra do sino.

Os dois Caveiras me ajudaram a aproximar do sino. Logo que bati emergiu um grito em coro, idêntico ao de uma torcida organizada com um gol de seu time em final de campeonato:

- Caveiraaaaa!

Aquilo foi um soco na minha cara. Desligou o meu disjuntor, "caiu a ficha". Eu parecia estar em um pesadelo. Uma das piores sensações que já senti. Fui levado para o BOPE, permaneci mudo e cabisbaixo. Liguei para minha mãe ir me buscar no quartel. Obviamente assustada ela me perguntou se estava tudo bem, pois havia dito que só voltaria para casa morto, em uma ambulância ou formado. Respondi que sim, mas que havia desistido. Ela chegou em poucos minutos, morávamos ali perto. Perguntou-me o que aconteceu, eu mal sabia explicar. Tinha uma bola enorme nas minhas costas em razão da inflamação no meu cóccix, mas eu caminhava e isso ia de encontro ao que havia mentalizado. Fui para meu apartamento, comi e tentei dormir o máximo que consegui. Lembro como se fosse ontem, sonhava que a caveira do brevê vinha em minha direção de longe, partindo de uma penumbra, e começava a aumentar de tamanho até ficar enorme e passar através do meu corpo.

A manhã seguinte era pior que uma ressaca. Passei o dia ansioso aguardando notícias do curso e se mais alguém tinha saído, naquele tempo não havia *WhatsApp*. Nos dias seguintes, persistia a angústia. Felizmente, consegui uma consulta de emergência com o proctologista que acompanhava meu problema do cisto pilonidal. Ao me examinar, nem hesitou, afirmou que se eu quisesse ter vida normal deveria imediatamente fazer a cirurgia. Em poucos dias, estava no hospital operando. O problema nem foi a cirurgia, mas a recuperação. Foi aberto um buraco, cuja cicatrização deve ocorrer de dentro para fora. Fiquei 60 dias em casa realizando o tratamento pós-cirúrgico, mas a cicatrização completa só após 3 meses. Esse tempo de atestado médico foi importante para que eu pudesse refletir e colocar a cabeça no lugar.

Quando desisti, não sabia muito bem o que estava acontecendo, mas na noite em que sonhei com a caveira, tinha decidido que tentaria de novo. Mas agora seria diferente, optei por permanecer em silêncio e não falar dos meus objetivos. Meu treino seria feito com muito foco no condicionamento físico, aguardando o momento certo. Alguns bons amigos me visitaram em casa e souberam do meu problema. Quando voltei a trabalhar, muitos perguntavam o que havia acontecido. Explicava o problema do cisto e a cirurgia, uns acreditavam, outros ficavam indiferentes. Havia aqueles que até transpareciam certa alegria, o que alimentava ainda mais o meu espírito.

Houve uma oportunidade que encontrei o então Taticano 05

(aquele de Criciúma), agora Caveira 08 do COEsp 2009, e empolgado passei a fazer muitas perguntas sobre o curso. Ele só respondia: Massa! Muito Massa! Claramente era outra pessoa. Não no sentido de falta de humildade ou algo do tipo, simplesmente não era mais o mesmo.

3.3.4 O Guerreiro Urbano 04

Mal começou o ano de 2010 e eu já havia alcançado excelente condicionamento físico. Decidi promover uma olimpíada interna em comemoração ao aniversário de fundação do 16º PPT no mês de março. As provas eram inspiradas no TAF de seleção do COEsp, inclusive com os mesmos índices, com mais uma prova teórica de técnicas policiais e outras provas de tiro com as armas de dotação do Batalhão. Fui o 1º colocado, não comemorei, mas fiquei bem feliz.

Em maio, o BOPE recebeu a oportunidade de indicar candidatos para dois cursos que seriam promovidos pela Polícia Militar do Estado de São Paulo, um era o Curso de Especialização em Ações Táticas Especiais do GATE – Grupo de Ações Táticas Especiais e o outro era o Curso de Operações Especiais do COE – Comandos e Operações Especiais. Os indicados pelo BOPE foram dois Oficiais da minha turma, um era o 06, do Táticas Policiais e o outro, um guerreiro que foi desligado (contra a vontade) por problemas médicos de circulação sanguínea nas pernas após duas semanas de COEsp. Fiquei de fora, simples assim. Resolvi ligar para o Caveira 08 e ele disse que o meu nome havia sido analisado, mas que na votação dos Oficiais do BOPE ficou a escolha dos outros dois. Inconformado, fiz uma ligação ao 06 questionando o que havia acontecido:

- Irmão, só sei que me ligaram dizendo que havia duas vagas e fui indicado. Mas o "fulano" já me ligou pedindo para fazer o curso do COE – Respondeu o 06.

- E quando os cursos iniciarão? – perguntei.

- O curso do GATE é em agosto e o do COE, em setembro.

- OK, 06. Mas é vaga garantida ou vai ter que concorrer no certame?

- Não sei, acabei de receber.

- Podes me enviar o edital de seleção para eu dar uma olhada?

- Positivo.

Fui analisar o edital e havia 35 vagas para o curso, sendo 30 para os paulistas e 5 para os de outras instituições. Não tinha nada de indicação, bastava um ofício do Comandante imediato para participar do processo. Uma luz acendeu e retornei a ligação:

- Stive, o edital prevê cinco vagas para estrangeiros. Só preciso de uma. Vou te fazer a seguinte proposta: o Senhor me autoriza deslocar junto para participar da seleção? Tens a minha palavra, caso eu fique na sua frente e você fique de fora por minha causa, eu abro mão da vaga, pode ser?

- Claro, vamos juntos nessa!

- Show. Obrigado, irmão.

Em uma primeira análise do edital, verifiquei que as provas físicas estavam de acordo com aquilo para o que eu já vinha me preparando. Faltando duas semanas para as provas, descobrimos que a "oitava em barra fixa" era um movimento totalmente diferente do que nós executávamos em Santa Catarina. Na época, ninguém sabia o que era aquilo. Tivemos de procurar uma professora da ginástica olímpica para que ela nos explicasse a técnica. Só conseguimos executar o movimento depois de reiteradas tentativas, isso me custou o ombro direito.

"Na cara e na coragem", viajamos para São Paulo com intuito de conseguir a almejada vaga. Havia mais de cem candidatos, um número expressivo. A primeira prova era a da oitava em barra fixa e muitos foram reprovados. Senti muito o ombro durante a execução, mas consegui realizar o movimento. A próxima era a subida na corda sem auxílio dos membros inferiores, com pontuação definida entre 4 e 7 metros, contando a partir da segunda pegada na corda. Alcancei somente 4,5 metros, a limitação do ombro não me permitiu subir mais. Fiquei extremamente arrasado, devido a essa pontuação cai para a última colocação entre os estrangeiros. Vi o filme da derrota novamente passar pela minha cabeça, mas dessa vez estava decidido em jamais desistir. Poderia até não ficar bem colocado ou não conseguir cumprir alguma prova, mas jamais desistiria voluntariamente.

Outras provas iam acontecendo e, paulatinamente, alguns candidatos eram reprovados. O 06 teve a infelicidade de não conseguir completar no tempo um teste de agilidade, ficando fora do certame. Depois vieram as corridas de velocidade e resistência, caminhada sobre o pórtico e as provas de água como apneia, flutuação e nado livre. A última prova era o teste de aptidão de tiro e eu ainda não estava classificado para as vagas. Tratava-se de realizar 10 disparos de pistola .40, a 10 metros, e acertar 70% em uma folha de papel A4. Acertei todos. Ao fim do processo, somente 25 candidatos conseguiram completar a seleção, sendo 7 estrangeiros e 18 paulistas. Eu era o último colocado dos estrangeiros e estava fora das 5 vagas previstas, mas naquela altura, já estavam cogitando a possibilidade de completar as vagas remanescentes com todos os aprovados. Outros três policiais militares de SC, dos quais só tive conhecimento no dia dos testes, que também estavam inscritos na seleção, conseguiram ser aprovados.

Uma reunião com os 25 aprovados foi realizada com o Comandante do GATE. Na opinião dele, o curso não deveria ser realizado porque não alcançou um número razoável de candidatos para o início do evento. Como a média de aprovação no curso gira em torno de 20%, e considerando que havia somente 18 policiais de São Paulo, provavelmente se formariam no máximo 4 integrantes para o GATE. Pelo custo do curso, não valia tanto investimento para formar poucos. Entretanto, ao final, a decisão não caberia a ele, mas ao escalão superior. Findada a reunião, alguns integrantes me procuraram para parabenizar por ter conseguido passar na seleção e com o "bizu" que muito provavelmente chamariam todos para o início do curso.

Como o curso só começaria em uma semana e tudo estava indefinido, inclusive minha própria vaga, decidi retornar para a casa. Meu sentimento era o de missão cumprida, sabia que tudo estava nas mãos de Deus e que se fosse a vontade Dele, eu retornaria para o curso. Três dias depois, recebi uma ligação de São Paulo, era um Cabo da seção administrativa do GATE:

- E aí, Chefe tudo bem?

- Positivo amigo, qual é a novidade? Respondi, com medo de saber a resposta.

- O Senhor está pronto para o curso?

- Sim, Senhor! Vai sair, então?

- Claro Chefe, com todos os aprovados.

- E aquela argumentação do Comandante do GATE dizendo que por ele não valeria a pena realizar o curso?

- Chefe, aqui é São Paulo. Há muita coisa envolvida e o escalão superior entende que a PMESP não pode cair em descrédito "furando" com outros Estados.

- Padrão, irmão! E o enxoval?

- Já estou lhe enviando pelo e-mail. Não se preocupe, não é muita coisa – Respondeu o Cabo.

- Fechado. Muito obrigado pela notícia.

Meu sentimento agora era um misto de euforia e medo. Preparei meu equipamento e embarquei em um avião nas vésperas do curso. De Florianópolis a São Paulo é apenas uma hora. Chorei da decolagem até a metade do percurso, prometi a mim mesmo que entregaria minha vida se preciso fosse para voltar vitorioso.

Os 25 policiais militares se apresentaram pontualmente e alguns procedimentos administrativos foram realizados. Quando recebi minha numeração já sabia que estava formado: deixei de ser o 1º Tenente Lucius para ser o 04, de novo. Com o passar dos dias o grupo aumentava o espírito de corpo e cada vez mais íamos conhecendo uns aos outros. Meu turno tinha quatro Caveiras, dois de São Paulo, um do Mato Grosso do Sul formado no Paraná e outro do Rio Grande do Norte. Incrível como esses policiais eram impecáveis. Equipamento sempre no padrão, as canções militares eram ritmadas com letras que eu desconhecia e a capacidade de eles "ligarem" e "desligarem" era fantástico. Em instrução, tinham um nível de atenção e aprendizado absurdo, mas quando estavam "fora de situação" normalmente ficavam relaxados, riam como se estivessem em casa. Aquilo me contagiava, eu não tinha qualquer melindre em perguntar ou copiar as boas práticas. Certo dia perguntei ao Oficial do Mato Grosso do Sul:

- 02, o Senhor já é Caveira, o que está fazendo aqui?

- 04, esse é um dos cursos de polícia mais respeitados do mundo. O nível técnico desses camaradas é algo que não tem comparação. Não tinha comparação mesmo, nunca havia visto algo daquele nível. Além do Curso do GATE, muitos instrutores tinham especializações internacionais como Comandos Jungla e COPES (Comando de Operaciones Especiales y Antiterrorismo) da Colômbia, além do fato de que a maioria também tinha o Curso do COE, ou seja, eram Caveiras de São Paulo. Aliás, o respeito entre o GATE e o COE é enorme, muitos integrantes destas unidades buscavam a formação em ambos os cursos. Outro ponto interessante, é que a Polícia Militar do Estado de São Paulo não tem paridade no Brasil, o seu efetivo é algo próximo de 90 mil pessoas, Santa Catarina tem 10 mil. O GATE é uma das unidades mais bem equipadas e a sua experiência operacional no atendimento de ocorrências com reféns e explosivos é inigualável no país e no mundo.

Figura 51 – Descida de helicóptero com rapel.

Fonte: arquivo pessoal.

As instruções eram extremamente técnicas. Tudo que era ensinado, era demonstrado pelo próprio instrutor, mas cobrado com rigor, sob pena de o aluno ser desligado do curso. Se precisasse saltar de um helicóptero a 15 metros e executar uma travessia, o instrutor fazia junto. Caso o aluno tivesse que realizar movimentos em uma corda suspensa em um prédio com mais de 30 andares para depois descer no rapel, o instrutor mostrava como devia ser feito.

Figura 52 – *Salto hello casting*, em Mairiporã – São Paulo.

Fonte: arquivo pessoal.

Assim era para qualquer exercício, na terra, na água ou no ar. Eram peritos em negociação, tiro de precisão, invasão tática e artefatos explosivos. Aprendi muita coisa sobre todas as armas do GATE, combate em ambientes confinados e manuseio de explosivos. As repetições dos movimentos para soluções de pane, montagem e desmontagem de armamento inclusive de olhos vendados, fluição em edificações e técnicas de passagem pela porta eram incontáveis.

- Já repetiram mil vezes? Pergunta um instrutor ao turno, sobre a execução de um determinado movimento com pistola.

- Não, Senhor!

- Então, continuem.

Figura 53 – Equipe tática aplicando técnica de intervenção em ambientes abertos.

Fonte: arquivo pessoal.

Meus olhos estavam brilhantes durante o curso. Sempre sério, procurava assimilar e anotar tudo, dispendia do meu máximo em qualquer atividade que fosse necessária. Lembro de ter recebido dois importantes elogios dos monitores, um após certa prova de tiro e outro durante uma série de exercícios físicos. Na prova de tiro, uma das mais tradicionais e difíceis avaliações, o aluno precisa entrar em uma pista escolhendo as armas, os equipamentos e eleger a própria estratégia para penetração nos ambientes, disparar nos alvos atiráveis e não atiráveis, estabelecidos minutos antes. Há um importante cômodo que simula a tomada de refém e o aluno necessita realizar um disparo na cabeça do causador do evento crítico que está coberto pelo próprio refém. Se o aluno alvejar este, recebe nota zero e o desligamento sumário. No meu *debriefing*, após analisar meu grupamento, um instrutor disse que eu era um bom atirador. Um tremendo elogio, considerando o alto padrão daqueles operadores. Na outra situação, realizávamos uma série de exercícios físicos bastante desgastantes. Durante um deslocamento solitário, um monitor Caveira de São Paulo se aproximou e verbalizou:

- Vamos, Caveira, aperta esse passo!

- Como, Senhor? Respondi, surpreso.

- 04, você é Caveira lá de Santa Catarina né?

- Não, não Senhor.

Naquele tempo, as informações ainda não fluíam com a velocidade das redes sociais de hoje. Aquelas palavras sinceras encheram meu coração. Havia outros Caveiras no meu turno e eu parecia estar no mesmo padrão.

Figura 54 – Aplicação de técnicas verticais em altura.

Fonte: arquivo pessoal.

Treze Guerreiros Urbanos, como são conhecidos os concludentes do Curso do GATE, foi o resultado do meu turno. Eu e outro Soldado fomos os primeiros catarinenses a conseguir essa honra. Conosco se formaram o Oficial do MS Caveira do Paraná, um Soldado de Rondônia, que mais tarde se tornaria um Caveira de SC no COEsp de 2014, e nove policiais da PMESP, dentre os quais os dois Caveiras do COE, sendo que um foi o 1º colocado do curso[14].

14 Abre-se nota ao Caveira do Rio Grande do Norte que teve o infortúnio de romper o tímpano durante o exercício de mergulho, saltando de uma plataforma de 12 metros, sendo desligado pela coordenação por restrição médica.

Invencível. Seria a definição do meu sentimento em uma única palavra. Estava fisicamente quebrado, em decorrência das exigências do curso, mas me sentia como um lutador de MMA após uma grande luta, bastava me recuperar e já estaria pronto para outra guerra. Estava, agora, ainda mais fortalecido de forma técnica e espiritual.

Retornei a Santa Catarina, "lambi" as feridas, tratei de retomar os treinamentos com intuito de continuar "afiado" e restabelecer meu condicionamento físico.

Dos quatro médicos que consultei para verificar a situação do meu ombro, três deram parecer para cirurgia. Apenas um considerou que até poderia ser o caso, mas que se eu tomasse uma determinada medicação por longo período e mantivesse o fortalecimento muscular, talvez não fosse necessário. Até hoje tenho meu ombro preservado.

3.3.5 Caveira do Gelo 27: único e eterno

Estamos em 2011, eis que é lançado pela Diretoria de Instrução e Ensino (DIE) da PMSC um processo seletivo para um curso de gerenciamento de crises na PMESP e realizado pelo GATE. O edital foi provocado pelo BOPE de Santa Catarina, que colocou como requisito para o certame ser Oficial e ter formação em operações especiais. Fiz minha inscrição e recebi o indeferimento por não cumprir este requisito. Não acreditei no que estava acontecendo. Eu era o único Oficial de Santa Catarina com a chancela do GATE de São Paulo e não cumpria a "exigência" para frequentar um curso que dos candidatos, somente eu era formado? Fiz um recurso administrativo com sete páginas, apresentando o edital de São Paulo, anexando meu currículo etc. Simplesmente recebi outro "indeferido" sem uma linha de justificação. Indignado, sai esbravejando pelo pátio da DIE, quando encontrei um Oficial Caveira do COEsp de 2009, com o qual eu tinha certa intimidade e desabafei:

- Que injustiça! Como que eu não tenho requisito para fazer um curso em uma unidade que sou o único formado? Não se deram nem ao trabalho de fundamentar.

- Guerreiro, tens um excelente curso. Acho até que a tua capacidade técnica pode ser superior à minha. O que você conseguiu lá é inédito, mas vou te dizer algo e espero que não fique chateado: tu não és Caveira - Respondeu o Oficial, com toda a humildade do mundo.

Essa modesta resposta foi um "tapa com luva de pelica". A esta altura eu já aguardava o próximo curso de operações especiais. Seria no primeiro Estado que aparecesse, estava pronto para qualquer desafio. Na minha cabeça, ninguém seria mais capaz do que eu para buscar a Caveira. A sorte estava lançada.

Poucos meses depois, o processo seletivo para o Curso de Especialização em Operações Especiais (CEOE) da Brigada Militar do Rio Grande do Sul foi divulgado. Providenciei o edital e encaminhei para a Diretoria de Instrução e Ensino. O certame foi publicado em toda a rede PMSC divulgando a seleção para participação dos voluntários, sem o pagamento de diárias e passagens. Por mim perfeito, já estava acostumado a tirar dinheiro do bolso para me especializar e sabia que tinha condições de gabaritar o teste de aptidão física.

Ocorreu que nenhuma pré-seleção foi feita em Santa Catarina e doze voluntários se apresentaram diretamente no Rio Grande do Sul para a seleção. Os Caveiras gaúchos estavam atônitos, nunca tinham visto tantos "catarinas" candidatos. Aconteceu algo semelhante ao fenômeno do processo seletivo de São Paulo, quando as vagas destinadas aos policiais da Brigada Militar começaram a sobrar. O edital previa 45 vagas para o curso, das quais 5 para estrangeiros. Contando todos os aprovados, o curso iniciaria com 44 candidatos, sendo 10 estrangeiros dos Estados de Santa Catarina, Pará, Mato Grosso do Sul e Rio Grande do Norte. Dos 12 catarinenses inscritos, 5 completaram todas as avaliações psicológica, médica e física, conseguindo aprovação. O Comandante do GATE-RS, hoje BOPE-RS, informou ao final do processo que todos seriam chamados e deveríamos nos preparar para o curso que iniciaria em uma semana.

Retornei para Santa Catarina trazendo junto o Oficial do Pará, também aprovado na seleção, pela afinidade que desenvolvemos, posto que éramos amigos em comum do 06, aquele do táticas policiais. Começamos a preparar os materiais do enxoval, distribuindo-os em kits cuidadosamente montados em potes plásticos com rosca e de tamanhos variados, forrados no interior com EVA, cola quente e ainda vedados no exterior com um pedaço de câmera de pneu, tudo com o capricho de acomodar os materiais de modo que fossem facilmente localizados quando necessários, não produzissem qualquer tipo de ruído quando chacoalhados e que, principalmente, fossem à prova d'água. Todos os dias realizávamos atividades físicas, principalmente na piscina, atravessando a nado com pesos, fardados ou com braços amarrados nas costas, flutuando com lastros, montando e desmontando armamentos em apneia, revezamento de snorkel embaixo da água etc.

Em uma dada quinta-feira recebi a ligação da DIE me informando que eu havia ficado de fora do sorteio que autorizava dois dos cinco candidatos aprovados no processo seletivo do curso de operações especiais do Rio Grande do Sul. Não acreditava no que estava ouvindo, cheguei lá em "zero segundos" e procurei o chefe da seção para pedir esclarecimentos sobre o assunto. Ele havia informado que o sorteio foi uma decisão do Comandante-Geral e que não havia nada a ser feito, salvo convencer o 01 da Corporação. Liguei para todos que de algum modo pudessem me ajudar, mas cabal nesse auxílio foi um amigo Tenente Coronel (o promovido Capitão Choqueano que quase rachou meu capacete na instrução do Táticas Policiais), que trabalhava como Ajudante de Ordens e orientou que eu aguardasse no Quartel do Comando-Geral (QCG) para me "encaixar" em uma audiência. Assim fiz. Aguardei por horas, quando no fim da tarde, retornando de viagem, eles chegaram ao QCG. Levantei-me e prestei continência, mas ninguém olhou para mim, exceto esse Tenente Coronel que chegou por último me deu uma piscada e sinalizou para que eu aguardasse. Algum tempo depois, ele retorna e me chama:

- Lucius, seja breve e convincente – Orientou pouco antes de abrir e fechar a porta do gabinete do Comandante-Geral, permanecendo no lado de fora.

Sentado em sua mesa e realizando algumas anotações estava o maior Comandante da nossa Instituição. No outro lado da sala havia um Coronel da Ajudância-Geral. Quem é do meio, senhoras e senhores, sabe que isso é algo raro e somente casos de extrema importância permitem que um Tenente moderno acesse o gabinete da máxima autoridade policial militar. Em posição de sentido, prestei a regulamentar continência e me apresentei:

- Com licença Comandante, 1º Tenente Lucius do 16º Batalhão, permissão para falar com o Senhor.

Num *delay* de alguns segundos, sem parar o que estava fazendo e sem me olhar nos olhos, o Comandante-Geral começou a falar:

- Meus ouvidos doem de tantas ligações que estou recebendo, entre elas algumas falando do Senhor, em meio a tantos outros problemas que tenho. Antes de mais nada – continuou o Comandante, agora me olhando de forma indiferente – saiba que essa decisão de sorteio foi minha, estamos com muitos problemas de policiamento para enviar cinco policiais ao Rio Grande do Sul para frequentar um curso que só termina no final do ano.

- Comandante, os cinco policiais são de unidades diferentes. Descemos em 12 para a seleção no Rio Grande do Sul e 7 já ficaram pelo caminho. É curso de operações especiais, não se tem a certeza da formatura, amanhã todos os policiais podem estar de volta – Respondi, contra argumentando.

- Ah, certo, Tenente, agora queres me ensinar, então? Você acha que eu não sei como funcionam as coisas? Também estou considerando a possibilidade de algum de vocês se machucar e ficar ainda mais tempo afastado – Respondeu, irritado.

- Comandante, já investi mais de três mil reais de equipamentos para o curso e meu deslocamento será sem ônus para o Estado. Não há pagamento de passagens, diárias ou qualquer coisa do tipo –

Respondi mudando a linha de raciocínio e percebendo que o tempo estava esgotando.

- Haverá outras oportunidades, podes deixar isso guardado – respondeu ele em tom de ultimato.

- Comandante, por favor, seja razoável e pense de forma empática – Comecei a argumentar com os olhos cheios de lágrimas, mas com olhar fulminante – Não seja alguém que vai apagar o sonho de um Oficial que espera um dia estar sentado na sua cadeira, mas com todos os objetivos alcançados.

Balançando a cabeça afirmativamente, o Comandante-Geral me olhou e perguntou: Qual foi a tua colocação no sorteio?

- 3º Senhor.

- Ok. Coronel, autoriza o Tenente e chama mais um Praça para não ficarem dizendo que eu favoreço Oficial.

Meu Deus, que felicidade! Sai daquela sala pronto para a guerra.

"Pior do que a morte é a espera da morte". Equipamento pronto, cabeça blindada, fomos ao Rio Grande do Sul. Desde a primeira edição, em 1989, o curso sempre começou em agosto, a época mais fria do ano, pico do inverno, motivo pelo qual somos conhecidos como Caveiras do Gelo. "Começa na era glacial e acaba no frio", costumamos zombar. A nossa era a 9ª edição, sendo que há 10 anos os cursos estavam ocorrendo em anos intercalados, com o 8º CEOE, em 2009; o 7º CEOE, em 2007; o 6º CEOE, em 2005; e o 5º CEOE, em 2004, o que significa que havia muitos Caveiras por metro quadrado. Os "/9"[15] eram os mais acelerados, fenômeno normal em qualquer curso onde os mais novos são sempre os hiperativos.

Reunidos na sala de aula, alguns documentos foram assinados e finalmente as numerárias começam a ser distribuídas. Sonhei com este dia em muitas oportunidades, sabia que era algo imutável e para a vida, como o nome que os pais escolhem aos filhos. Lembro de um dia, pouco antes de começar o curso, estar em uma rede de su-

15 Diz-se "barra 9". Além do número da edição do curso, determinada geração de Caveiras também é referenciada pelo ano de formatura. No caso, havia os /9, /7, /5 etc.

permercados com caixas que iam até o número 50, olhava para cada um deles tentando imaginar qual seria o meu. Eis então que recebo meu número da sorte, o 04, correto? Errado! O Rio Grande do Sul é o único Estado que eterniza os números dos Caveiras, isto é, quem se forma passa a ser conhecido por aquela numerária e jamais um outro aluno poderá usá-la. O 04 já tinha dono e se tornado Caveira, foda-se, agora eu era o Aluno 27. Muitos Caveiras passavam por mim, olhavam para a cabeça e riam dizendo: 27? Rá, é número que não forma! E era verdade mesmo, o 27 era um dos poucos que rodava desde o primeiro curso e sempre matava gente. Perfeito, esse era o número que aguardou mais de vinte anos para ser imortalizado comigo[16].

Na conferência de enxoval, os Caveiras pouco se importam com a qualidade e acondicionamento dos equipamentos, isso já havia sido orientado na entrega da listagem como fator básico e determinante para a sobrevivência no curso. Caso algum equipamento faltasse, "kits" com cabeças de pedras eram providenciados. Seguiram-se alguns "dias administrativos" e praticamente metade do turno já havia saído. Eventualmente algum Caveira me perguntava:

- O Senhor tem o Curso do GATE de São Paulo?

- Sim, Senhor!

- Então, o Senhor já é Caveira?

- Não, Senhor, os Caveiras de São Paulo são formados no COE, Senhor.

- Hum... Aluno profissional – Diziam, rindo sorrateiramente.

Quando era possível a conversa entre os alunos, um ou outro também me perguntava qual a diferença do Curso do GATE de São Paulo para o Curso do GATE do Rio Grande do Sul. Lembro que, certo dia, um gaúcho me fez essa pergunta e logo após eu respondê-la, ele se levantou, disse que precisava se preparar melhor e bateu o sino. Juro que nem deu tempo de segurar. Em contrapartida, essa chance-

16 Nos demais Estados, a numerária normalmente é distribuída do 01 ao "0 último" conforme a antiguidade dos alunos. Após formados, os Caveiras são numericamente nominados conforme a antiguidade e ano de formatura no documento conhecido como "almanaque", onde registra a ordem e a quantidade total de cursados.

la e o fato de ser Oficial sempre me colocavam em evidência, não conseguia me "amoitar" e eu dificilmente passava despercebido. Não demorou muito para cobrarem a entonação do hino rio-Grandense. De repente, o gráfico da Matrix dispara e nos vemos rompendo marcha infinita em um campo de treinamento gélido no Pampa gaúcho, uma extensa planície formada por estepe e capões (porções de mato isolado que surgem no campo). Lá, se descobre que o inferno não tem fogo, é frio e tem muita água. Havia dias que pensava comigo: "Hoje está muito frio, impossível irmos para a água, se fizerem isso vão matar todos de hipotermia". Grande engano. Não demorava muito para não conseguirmos realizar uma tarefa no tempo determinado e ir para o "chof"[17] como punição. Aliás, durante todo o curso a regra é o aluno estar molhado. Se o chof é em 3º escalão (só de sunga), nada que algumas completas não resolvam. Entretanto, se o combatente vai para a água "equipadão", de mochila e fuzil, só uma fogueira alta para resolver. E se não tem fogueira? Morre? Não, emprega-se a técnica do "paqueto", na qual os alunos, deitados em 3º escalão, se cobrem com um pedaço de lona e passam a se esquentar reciprocamente pela temperatura corporal. É o espírito de corpo sendo efetivamente colocado em prática.

Figura 55 – Coordenação do curso transmitindo alguns recados importantes.

Fonte: arquivo pessoal.

17 Comando para que o aluno mergulhe e cubra o corpo inteiro de água.

Dia após dia, o sino continuava tocando. A maioria antes de desistir, já tinha aprendido a tal da "saída honrosa", momento em que o aluno está decidido a ir embora, mas propõe uma negociação com a coordenação de alguma melhoria para o turno (como descanso ou comida) em troca de sua desistência. Os Caveiras adoram esse tipo de conduta e sempre cumprem a palavra, com intuito de que essas ações sirvam de exemplo e estimule aos que pensam em ir para casa.

Figura 56 – Cemitério do 9º CEOE.

Fonte: arquivo pessoal.

Além do frio paralisante, capaz de interferir na sua capacidade cognitiva, outra circunstância que mandava muita gente embora era a fome. Nisso os gaúchos apresentavam uma metodologia apavorante. Após um longo dia de instrução, os alunos eram perfilados em frente a uma linha de servir onde era possível sentir o cheiro da comida e ver a fumaça saindo da panela. O Xerife dava a ordem para retirar a marmita da mochila e embalar com saco plástico descartável, deixando-a pronta para a refeição. Conforme o ensinamento do dia, as oficinas eram montadas com requisitos a serem obedecidos. Caso o aluno cumprisse, dava um passo à frente e recebia uma porção de comida que não poderia ser dividida. Assim, por exemplo, o instrutor ordenava que o cabo solteiro fosse sacado e que, em tantos segundos, o aluno deveria realizar o nó tal. Quem cumpria um passo à frente e recebia a ração. As oficinas aconteciam em níveis fácil, médio e impossível. O aluno que não cumpria nenhuma tarefa, ficava faminto observando os outros se alimentarem. Verdade seja dita, metodologia brutal adotada em boa parte do curso.

Nem precisaria mencionar o tradicional chimarrão ou o famoso churrasco gaúcho que queimava por 24 horas e exalava por quilômetros com um delicioso aroma de carne, tudo isso à disposição do aluno que entregasse o capacete. Minha mãe, nascida no interior de Santa Catarina, tem o hábito de tomar chimarrão todos os dias e sempre me oferecia uma cuia quando eu morava com ela. Nem sempre eu aceitava, principalmente nos dias quentes. Prometi para mim mesmo que jamais recusaria uma cuia, desde que, numa noite fria, vi um Caveira confortável em um casaco felpudo e apreciando um chimarrão cuja água evaporava. Também tenho o hábito de, sempre que possível, colocar uma carne na brasa e degustar a minha comida preferida.

Perdi cerca de 10 quilos nessa primeira fase do treinamento. É comum as pessoas perguntarem se essa é a parte mais difícil do curso. Eu diria que é a fase mais crítica, quando seu corpo e mente estão se ambientando às adversidades e ao abandono do conforto. Durante a preparação você dorme e se alimenta bem e, agora, não mais; acrescente a isso o estresse elevado. É quase uma luta individual, cada um se comporta de maneira diferente. À medida que o curso transcorre, as atividades continuam evoluindo com graus de dificuldades tanto quanto ou maior das vivenciadas. São muitos obstáculos. Ocorre que, doravante, você não está mais sozinho, você compõe um grupo que se afina, gradativamente, a uma engrenagem em que todas as peças se tornam semelhantes. Se um quebrar, todos quebram.

Instrução de qualidade é lei em COEsp e assim um aluno e seu turno sobrevivem dia a dia. O cotidiano é uma caixa de surpresas, nunca se sabe qual o próximo evento, nem quais são as missões de alto risco, que aparecem sem hora marcada. O QTS (Quadro de Trabalho Semanal) é guardado a sete chaves, mas com o tempo é possível realizar uma leitura da coordenação e do que está por vir, seja pela circunstância de que "dia de muito é véspera de pouco" ou pelo simples fato de que o dia passa a ter "muito Caveira reunido" ao som do cantor francês Manu Chao com as músicas "Clandestino", "Desaparecido", "Bongo Bong", "Je ne t'aime plus", "Mentira" e "Me Gustas Tu", além de um bom charuto. Estes eram verdadeiros "dias longos".

O aluno não tem vida fácil. São muitos dias de curso e ele está sujeito a muitas variáveis. Certa vez, fraturei o dedo médio da mão esquerda, sozinho, quando tentava colocar minha farda molhada no tempo estipulado:

- Permissão, Senhor – Apresentei meu dedo com a falange distal "pendurada".

- Que porra é essa, 27? Respondeu o Monitor sorrindo, mas em tom de preocupação.

- Deu problema no dedo, trancou na calça.

- Quer ir embora, 27?

- Não, Senhor, só informando.

- Então, ok, vamos levar o Senhor ao PS (Pronto Socorro).

Fiquei poucos dias com a tala na mão e logo arranquei, atrapalhava bastante nos exercícios, substitui por esparadrapo. Isso não me abalou, pensava que poderia ser pior caso fosse a direita, minha mão forte para o tiro.

Figura 57 – Instrução de armamento e tiro.

Fonte: arquivo pessoal.

Houve um aluno que desenvolveu uma inflamação nos pés em decorrência das feridas e ficou alguns dias sem conseguir se locomover. Com os pés enfaixados, seu deslocamento era em uma maca pelo turno ou carregado individualmente. Fui colocado como seu canga e tinha o dever de cuidá-lo. Como o deslocamento da maca sempre atrasava o turno, carregava-o nas costas enquanto outros levavam o fuzil e a mochila. Com o tempo ele foi se curando e nos tornamos uma dupla extremamente forte. Tomávamos conta um do outro em perfeita sintonia. Em contrapartida, no transcorrer de uma aula de combates em ambientes confinados tive uma "discussão" com o instrutor sobre as técnicas de varreduras. Quando vi, estava dentro da "geladeira" junto com meu canga e, mais tarde, com todo o turno pagando flexões infinitas até que alguém, preferencialmente eu, desistisse. Outros dois gaúchos de uma "brabeza" horrível começaram a gritar que ninguém iria embora. Percebendo a grandeza do nosso espírito de corpo, o instrutor encerrou a fustigação e retomou as atividades. Fui colocado "em cheque" pela coordenação, mas nunca tive a intenção de faltar com o respeito.

Figura 58 – Desjejum em uma certa manhã.

Fonte: arquivo pessoal.

A mencionada "geladeira" é uma caixa d'água com cerca de 2,5 metros de altura e 3 metros de raio. É um dos símbolos dos Caveiras do Gelo. Em uma primeira impressão, ela denota claustrofobia e só parece chafurdar o aluno. Entretanto, é uma crioterapia natural que trata as articulações em razão da baixa temperatura da água. Se passávamos alguns dias sem "visitar" a geladeira, não demorava para nos machucarmos com mais facilidade devido ao peso dos equipamentos. Além disso, era um local de reflexão. Certo dia em uma conversa particular com o coordenador do curso, eu, no lado de dentro, e ele, obviamente, pelo lado de fora, me advertiu que "caso eu me formasse, o que era difícil, quase impossível", era meu dever comandar o COBRA e ser um "caveira entre caveiras", do contrário teria uma história de operações especiais incompleta.

Os alunos estão sempre "mochilados" e armados em decorrência da autonomia que o turno possui. Podíamos embarcar para uma operação e permanecer por dias a qualquer instante, nosso "bivaque" era feito em qualquer lugar, nunca sabíamos onde passaríamos a noite.

Figura 59 – Instrução de Patrulha Rural.

Fonte: arquivo pessoal.

A partir do conceito de operar em qualquer ambiente, as etapas de água eram muito pesadas. O palco dos exercícios era o rio Guaíba, poluído lago da região metropolitana de Porto Alegre. A mochila deve estar cuidadosamente "aduchada" para que seja uma boia e não uma pedra na travessia. Em um dia de atividades, eu e meu canga estávamos em boa sincronia de modo a completar em primeiro as provas que deveriam ser realizadas em dupla. Nem parecia aquele baita "jangal", estávamos descontraídos. Alguns monitores perceberam nossa diversão e chacotearam:

- Ah! Os "vinte e poucos" estão se divertindo né?

- Sim, são os Oficiais do turno.

- É, já está na hora de separar essa canga.

Resultado: perdi a canga. Como já estávamos em 11, passei a compor uma "trinca" com dois gaúchos que já estavam bem fechados.

Figura 60 – Travessia armado e equipado.

Fonte: arquivo pessoal.

No curso você está constantemente em avaliação, quase nada é para ajudar. No Rio Grande do Sul há a cultura do padrinho, um Caveira antigo que acompanha o rendimento de um aluno em específico e ocasionalmente resolve algum problema fora dos quartéis, tendo em vista que o curso não tem fim e as liberações são rápidas. Logo que assumia o serviço, meu padrinho se dirigia ao turno e perguntava:

- 27, como está o Senhor, meu afilhado?

- Estou muito bem, padrinho – Respondia com o olhar para cima e voz altiva.

- 27, qual é o padrão?

- O padrão é o padrão, Senhor!

- Então, geladeira 27.

Por falar em liberação, isso é tudo o que o aluno mais quer durante o curso. Nas raras vezes, eu e o paraense íamos para a casa de um gaúcho. Antes disso, parávamos religiosamente na conveniência de um posto para beber um capuccino e comer chocolate. Era basicamente dormir o máximo, dar notícias à família e ajustar o equipamento.

De volta à Matrix, tudo recomeçava. O "corridão" matutino era o momento que eu mais relaxava. A corrida esquentava o corpo e liberava serotonina. Saía do quartel e observava a cidade de Porto Alegre acordar. Em pensamento, agradecia a Deus por estar vivo em mais um dia do curso. Lembrava da minha pequena filha, da minha família e o quanto eles deveriam estar orgulhosos. Imaginava-me ostentando aquela caveira no peito e a inveja daqueles que torciam contra. Literalmente, sonhava acordado. Era comum lacrimejar, um choro disfarçado nos brados das canções militares de "morte e destruição" que entoávamos durante todo o percurso.

Figura 61 – Corridão do turno e retorno à base GATE para o próximo evento.

Fonte: arquivo pessoal.

O curso tem um desenvolvimento lógico de dificuldades variáveis e progressivas. O processo é tão intenso que todos completam a trajetória não sendo mais a mesma pessoa. É um renascimento. Não estão somente melhor tecnicamente, mas mais evoluídos de espírito. No 9º CEOE, 11 bravos guerreiros alcançaram esse ideal. Oito policiais militares do Rio Grande do Sul, sendo um Capitão e sete Soldados, além de três Oficiais de outros Estados, sendo um 1º Tenente do Pará, um 2º Tenente do Rio Grande do Norte e eu, único catarinense Caveira do Gelo, agora eterno 27.

Figura 62 – Foto dos veteranos e dos novos Caveiras.

Fonte: arquivo pessoal.

Quando retornei para Santa Catarina, fui ao QCG para entregar um mimo ao Comandante-Geral como forma de agradecimento pela confiança que me foi depositada. Era um expediente festivo, com muitas autoridades militares no hall de espera, em decorrência da véspera de Natal. Procurei o amigo Tenente Coronel Ajudante de Ordens, dei-lhe um presente e disse que o outro era para o Comandante-Geral. Ele pediu para que eu aguardasse, pois o Comandante queria conversar comigo. Algum tempo se passou e autoridades continuavam a chegar para participar daquele ato. De repente, o Comandante-Geral sai de seu gabinete, atravessa o hall e estende a mão para me cumprimentar:

- Lucius, eu sei que já te deixei esperando por bastante tempo, mas se puderes me esperar mais um pouco, gostaria de conversar contigo.

- Sim, Senhor! Respondi assustado e em posição de sentido.

Aquilo foi muito interessante. A sala parecia uma constelação de tantos Oficiais Superiores, eu era um Tenente moderno, muitos nem se quer me conheciam e ficaram curiosos. É nesse contexto que se aproxima para conversar o Comandante do BOPE, um Tenente Coronel que recém havia assumido o comando e que foi um dos precursores das operações especiais em Santa Catarina, simplesmente o Caveira mais respeitado de todos:

- Tu que é o Tenente Lucius? Perguntou, olhando fixamente para meu brevê.

- Caveira! Respondi em posição de sentido e sabendo com quem estava falando.

- E quando é que vais para o BOPE?

- Por mim, agora. O edital previa a transferência para o BOPE com a conclusão do curso, mas meu Comandante quer me manter na Unidade.

- Porra, então já vamos ali conversar com o 02.

O 02, Subcomandante-Geral da PMSC, coincidentemente havia sido o primeiro Comandante do BOPE e era totalmente simpático com à causa.

- Com licença Senhor, quero lhe apresentar o Tenente Lucius, Caveira do Rio Grande do Sul – Introduziu o Comandante do BOPE ao Subcomandante-Geral.

- Bacana, como foi o curso? Perguntou o 02, de maneira atenciosa.

- Excelente, Senhor.

- Estou percebendo – concordou sorrindo. E o que você faz aqui?

- Comandante-Geral pediu para conversar comigo, Senhor.

- O edital prevê a transferência para o BOPE, mas o Comandante dele não está autorizando – interrompeu o Comandante do BOPE.

- Se o edital prevê a transferência, não há o que se discutir. Já aproveita e leva esse assunto para o Comandante-Geral – Orientou o 02.

Retornamos ao hall de entrada até sermos convidados para entrar no gabinete do Comandante-Geral. Tomamos assento e aproveitei para lhe entregar o mimo. Ele abriu a embalagem, retirou uma moeda de sua carteira e me entregou sorrindo:

- Como um bom lageano, é tradição retribuir uma faca ganha com uma moeda. Muito bonita, obrigado pelo presente.

- Eu que agradeço ao Senhor pela oportunidade que me foi dada.

- Quem me conhece sabe que dificilmente mudo minhas decisões. Mas naquele dia vi no seu olhar que era a coisa certa a fazer.

Seguimos conversando sobre o curso e as dificuldades enfrentadas. Ele mencionou que esteve no Rio Grande do Sul em uma reunião de Comandantes-Gerais e haviam dado boas referências de mim. Em dado momento, o Comandante do BOPE aproveitou a oportunidade:

- Comandante, preciso desse garoto lá no BOPE. Além do Rio Grande do Sul, tem o curso do GATE de São Paulo. O edital prevê a transferência, basta o Senhor autorizar.

- Está autorizado – Respondeu o Comandante-Geral sem hesitar.

Assim, me dediquei integralmente às operações especiais, participando de ocorrências e conduzindo instruções. Assumi o comando COBRA e continuei buscando outras especializações, me destacando na área de explosivos. Minha trajetória foi marcada por muitos obstáculos, alguns quase intransponíveis. Cai muitas vezes, mas sempre me levantei. Tenho claro e evidente que não me formei Caveira em Santa Catarina no ano de 2009 porque não eram os desígnios de Deus, o tempo Dele não era o meu. Mas algum apedeuta pode especular: então o COEsp de Santa Catarina é mais difícil que o do Rio Grande do Sul? Não, absolutamente. Em 2011, doze catarinenses desceram ao RS e somente eu me formei. Destes, dois se formaram em SC em 2014 e 2016, assim como outro policial militar que tentou o RS em 2013 e se formou, mais tarde, no COEsp catarinense. O 12º CEOE em 2017 formou 2 alunos, já o 13º CEOE, em 2019, com crescimento de 100%, com 4 concludentes. Noutra senda, há diversos outros exemplos de policiais que tentaram Santa Catarina, no entanto, se tornaram Caveiras em São Paulo, Brasília, Minas Gerais ou Paraná.

Figura 63 – Caveira no braço: tradicional tatuagem realizada no bíceps, logo após a conclusão do COEsp.

Fonte: arquivo pessoal.

4 DOUTRINA DE OPERAÇÕES POLICIAIS ESPECIAIS

"Guardião de missões especiais"
Lema do BOPE-SC

Como demonstrado no escorço histórico, a árvore genealógica das operações policiais especiais é decorrente das militares. Fato que ocorreu naturalmente, pois desde a origem das Polícias Militares, estas sempre estiveram vinculadas ao Exército Brasileiro, no que diz respeito à administração, ao treinamento e à identidade ideológica.

O status "Militar" das polícias militares estaduais surgiu com a Proclamação da República (1889), quando os corpos policiais das províncias passaram a ser conhecidos como Corpos Militares de Polícia. A partir da promulgação da Constituição Federal de 1946, estes corpos passam a se denominar "Polícia Militar", representando as forças policiais de cada unidade federada. A Constituição Federal de 1988, por sua vez, qualifica as Polícias Militares como forças auxiliares e reserva do Exército, além de atribuir-lhes o amplo dever de preservação da ordem pública com ações de polícia ostensiva. Este é o ponto nevrálgico da diferença entre as operações especiais militares e as policiais: a missão constitucional. Quando falamos de polícia, estamos tratando de segurança pública, grave perturbação da ordem e criminosos. Quanto às forças armadas, estas cuidam da defesa da pátria, guerra e inimigos.

A natureza "policial" e as missões de segurança pública, que competem à Polícia Militar, muito se aproxima dos conceitos de operações policiais especiais e de armas e táticas especiais da SWAT

(*Special Weapons And Tactics*) americana. Surgida na década de 60, a SWAT é formada por um grupo de policiais capacitados para atuar em situações de alta complexidade, que fujam do controle da polícia convencional, a exemplo da captura de marginais embarricados, cumprimento de mandados de alto risco, prisão de periculosos membros de gangues e resgate de reféns (LOS ANGELES POLICE DEPARTMENT, 2021). Outros modelos de unidades policiais de elite são as europeias RAID (França) - Recherche, Assistance, Intervention et Dissuasion; GSG-9 (Alemanha) - Grenzschutzgruppe 9; e, o GOE (Portugal) - Grupo de Operações Especiais.

Essa mistura da natureza "policial" da missão e do status "militar" organizacional, tornam a identidade da Polícia Militar sui generis e divergente do resto do mundo. O Brasil, a propósito, é um dos raros países que tem um sistema policial estadual bipartido, no qual a Polícia Militar é responsável pela preservação da ordem pública e a Polícia Civil pela polícia judiciária e a apuração de infrações penais, dividindo o ciclo de polícia entre duas instituições, alvo de infindáveis discussões políticas e legislativas.

Muito embora não esteja em declarado estado de guerra, é notório que o Brasil está entre os países de maior índice de violência no mundo. O país tem, anualmente, um número de mortes que se iguala e até mesmo supera o de nações em guerra. Na Guerra da Síria, por exemplo, de 2011 a 2016, morreram mais de 300 mil pessoas (EBC, 2016). No Brasil, durante o mesmo período houve, aproximadamente, 400 mil mortes. Em 2018, do total de 57.358 mortes violentas intencionais, cerca de 11% foram decorrentes de intervenções policiais. Noutra senda, no mesmo período, houve 343 registros de morte de policiais e, destes, 87% eram policiais militares (FORUM BRASILEIRO DE SEGURANÇA PÚBLICA, 2021).

Essa informal "guerra civil do crime" é o que justifica a existência das operações policiais especiais, direcionadas aos casos que fogem da normalidade, de altíssima periculosidade. Em contrapartida, os operadores brasileiros, por lidarem com esses indicadores perversos, desenvolveram expertise de combate ímpar, já que, cotidianamente, atuam em complexos incidentes, se colocando sempre à prova. Detentores de extraordinário cabedal de conhecimentos, os policiais militares especiais não deixam nada a desejar a qualquer integrante de grupos como S*eal*, *Ranger*, *Green Berret* ou *SAS*. É preciso ressaltar que os grupos brasileiros não contam com o aparato financeiro dos seus correspondentes estrangeiros, mesmo assim, devido à sua grande capacidade de improvisação e seus altos índices de performance, são mundialmente reconhecidos. Não há profissional estrangeiro que não saiba o que é uma "favela".

A excelência dos operadores é diretamente proporcional ao processo seletivo a que são submetidos. As polícias militares criaram sistema próprio de recrutamento de tropas, mantendo a "base comandos" da formação militar, de intenso desgaste físico e psicológico, adaptando-a à atividade finalística policial, que é a proteção das pessoas. A essência doutrinária dos "comandos policiais", portanto, consiste em selecionar voluntários motivados, capacitando-os para atuar em qualquer tipo de ambiente (terra, água ou ar) e circunstância (dia ou noite, chuva ou sol, frio ou calor etc.), com o propósito de executar ações diretas, pontuais, cirúrgicas, a gravíssimas ações criminosas, no campo da segurança pública estadual.

Desse contexto, deriva-se o conceito de operações policiais especiais, missões executadas por policiais forjados em curso de operações especiais que, com armas e equipamentos diferenciados, além de constante treinamento, atendem ocorrências que fogem do padrão ordinário operacional na esfera da segurança pública, com intuito de salvar vidas e aplicar a lei em observância às premissas de um Estado Democrático de Direito. O coração doutrinário das operações especiais é fundado na tríade que distingue o homem selecionado, o treinamento constante e o armamento/equipamento dedicado.

Figura 64 – Tríade das operações especiais.

Fonte: ilustração idealizada pelo autor.

A lógica desse triângulo consiste em destacar o homem que possui atributos morais, psicológicos, físicos e técnicos já detectados em seleção específica (o curso de operações especiais), fornecendo-lhe os melhores armamentos e equipamentos disponíveis para a consecução de missões peculiares, diminuindo riscos e maximizando resultados por meio do constante treinamento.

Outro fundamento das operações especiais é definido pelo ciclo operar, treinar e instruir. **Operar** é trabalhar em legítima Unidade de operações especiais e atender ocorrências dessa natureza, é o combate real. **Treinar** é a manutenção ou o aperfeiçoamento do conhecimento adquirido pela repetição do treinamento, mantendo-se "afiado" para o emprego das técnicas e táticas. **Instruir** é compartilhar o conhecimento com outros policiais na qualidade de professor.

Figura 65 – Ciclo das operações especiais.

Fonte: ilustração idealizada pelo autor.

As unidades de operações policiais especiais são fundamentalmente forças de ataque, compostas por pequenos grupos de policiais militares altamente qualificados. Congregam número reduzido de pessoal, uma vez que estes são cuidadosamente selecionados em um processo de formação longo e caro, no qual somente 10% dos candidatos, aproximadamente, são bem-sucedidos. "De fato, não existem muitos indivíduos em qualquer sociedade que têm os talentos físico, intelectual e mental para serem guerreiros excepcionais" (DUNNIGAN, 2008, p. 67). Decorre daí a máxima de que os agentes de operações especiais não podem ser formados em massa.

Quanto às funções, as unidades de operações policiais especiais executam ações diretas, de curta duração, contra o crime organizado, facções criminosas e tráfico de drogas, com incursões de reconhecimento ou de combate, penetrando nas favelas ou qualquer outro território hostil por caminhos não convencionais como as matas, durante o dia, noite ou sob condições meteorológicas adversas. As ações pontuais também recaem nas ocorrências de resgate de reféns ou contraterrorismo, principalmente com a possibilidade de aplicação do atirador de precisão policial e da coluna tática para invasão. A captura de marginais de alta periculosidade embarricados em ambientes confinados ou homiziados em ambientes rurais, além dos incidentes com explosivos, igualmente são atribuições das operações policiais especiais.

Eventualmente, há alguma confusão sobre a conceituação de operações especiais devido às diferenças doutrinárias entre os países que executam tais atividades. Considerando as semelhanças e diferenças, há que se clarificar os seguintes conceitos das **operações policiais especiais**, com base nas origens e atual contexto, conforme segue.

- **Comandos** – para as operações policiais especiais, Comandos é a base ideológica que funda o processo de seleção em intenso desgaste físico e psicológico, com intuito de captar os policiais mais aptos para atender ocorrências de alto risco, de modo não convencional, no campo da segurança pública.

Nesse sentido, é correto mencionarmos Comandos Policial.

- **Ação de Comandos** – para a peculiaridade policial, estão relacionadas às incursões ou à captura de criminosos em locais de difícil acesso, como ambientes rurais ou favelas, por meio de vias não convencionais, durante a noite ou em condições climáticas adversas. São ações na retaguarda, de onde os criminosos dominam o terreno e estão bem instalados. Conforme a periculosidade do ambiente e a disposição dos criminosos, o fator surpresa de tais ações frequentemente resulta em confrontos armados.
- **Ação Direta** – é uma ação de impacto, pontual, específica, cirúrgica, de curta duração, para restauração da ordem pública em crimes graves. É o principal trabalho executado pelos grupos de operações policiais especiais.
- **Não convencional** – a não convencionalidade das operações policiais especiais é referida quanto à forma de atuação das unidades e à natureza das missões. Na forma de atuação, as equipes se valerão de qualquer modo de aproximação ao objetivo, seja por terra, água ou ar, atravessando uma área de mata fechada, explodindo uma parede, descendo de rapel de um helicóptero, atravessando um riacho a nado, conforme os critérios de ação. A natureza das missões se refere àquelas não rotineiras, que escapam do cotidiano policial e requisitam o emprego de táticas e técnicas também não comuns. Não se trata de conceitos de guerra não convencional, cujo foco é assistência de forças nativas em ações indiretas, clandestinas, secretas e de longa duração.
- **Operações policiais especiais** – é o conjunto doutrinário que compreende o processo de seleção de pessoal, treinamento, emprego e missões que exigem uma resposta especializada a graves perturbações da ordem pública, com intuito de salvar vidas e aplicar a lei em observância às premissas de um Estado Democrático de Direito.

- **Caveira** – operador formado em curso de operações especiais promovido pelas Polícias Militares ou Forças Armadas do Brasil.

As ações indiretas, características das Forças Especiais, têm mais relação com o serviço de inteligência das atividades policiais militares, por meio de trabalhos de campo, busca de informações privilegiadas, cooptar informantes de alto valor ("conquistar corações e mentes") e emprego cirúrgico dos Batalhões de Operações Policiais Especiais em grandes crimes planejados pelas facções ou organizações criminosas. Aliás, a atual tendência para atuação de sucesso das unidades de operações policiais especiais brasileiras está intimamente vinculada ao emprego coordenado de trabalhos sólidos de investigação das agências de inteligência e, consequentemente, cada vez menos aguardar as "ocorrências de ouro" que acontecem aleatoriamente.

Os mandamentos das operações especiais constituem um conjunto de valências que devem ser intrínsecas ao operador como indivíduo e sempre observadas independentemente da complexidade da tarefa em que ele esteja envolvido. Os 11 mandamentos são listados em ordem alfabética e constantemente recitados nos cursos de operações especiais para que fiquem enraizados na cognição dos envolvidos, conforme segue.

1 - Agressividade controlada.
2 - Controle emocional.
3 - Disciplina consciente.
4 - Espírito de corpo.
5 - Flexibilidade.
6 - Honestidade.
7 - Iniciativa.
8 - Lealdade.
9 - Liderança.
10 - Perseverança.
11 - Versatilidade.

Em relação à questão doutrinária das operações especiais, é importante, também, mencionar o conceito de superioridade relativa, apresentado por McRaven (1995), que consiste na condição em que uma força de ataque menor obtém uma vantagem decisiva sobre um inimigo maior ou bem defendido. Essa condição é alcançada com a aplicação dos princípios da simplicidade, segurança, repetição, surpresa, velocidade e propósito aplicados às fases de planejamento, preparação e execução de uma missão de operações especiais. Os fatores morais como coragem, inteligência, ousadia e perseverança são influenciadores de todo o processo. Em síntese, toda missão de operações especiais requer um plano simples, sigiloso, realisticamente ensaiado e executado com surpresa, velocidade e propósito.

McRaven (1995) menciona, no conjunto dessas variáveis, as "fricções de guerra" que se apresentam no teatro de operações e devem sempre ser consideradas. A "fricção" é uma erudita definição apresentada por Clausewitz (2010, p. 84)[18] e corresponde à única maneira geral "que distingue a guerra real da que se pode ler nos livros". Tal concepção é sintetizada por inúmeros fenômenos particulares e imprevisíveis de pequena importância, que se combinam e reduzem o nível geral de desempenho da tropa e devem ser encarados com seriedade pelo comandante de uma força militar[19].

Os conceitos de superioridade relativa e os princípios para alcançá-la são uma constante dentro das operações policiais especiais. A única ressalva é a questão da repetição, no sentido de ensaio em cenário semelhante ao da missão, em decorrência da supressão de tempo para as ocorrências de altíssimo risco, que ocorrem randomicamente e obrigam brevidade na resposta e emprego da equipe. Em dez anos trabalhando no BOPE, me recordo de apenas duas oportunidades nas quais ensaiamos o assalto tático em planta baixa montada,

18 Carl Von Clausewitz (1780 – 1831) foi um militar prussiano especialista em estratégias de batalhas e autor do famoso tratado "Da Guerra" (Vom Kriege, do alemão).

19 Uma das fricções que mais atrapalhavam os resultados das batalhas, segundo Clausewitz (1984), era a de condições climáticas. Para quem nunca esteve em uma batalha, não seria simples entender o quanto uma chuva podia mudar o seu resultado, entretanto, quem vivenciou as fricções e despendeu a devida importância a elas, posicionou-se em evidente vantagem.

improvisadamente, conforme informações adquiridas em ocorrências com tomada de reféns. Tem-se como regra que, partindo da condição de prontidão, o emprego é direto no teatro de operações, principalmente nas crises dinâmicas. Por outro lado, simplicidade é a alma dos princípios, sempre lembrada em todas as circunstâncias. O conceito das fricções de Clausewitz reflete a diferença entre o papel e a realidade, a teoria e a prática, evidenciando uma larga distância entre o operador e o não operador, de quem já viveu o combate em detrimento daqueles que contam a história dos outros, para a etapa do planejamento, da execução ou até mesmo da divulgação das operações policiais especiais.

4.1 MISSÕES DE OPERAÇÕES POLICIAIS ESPECIAIS

As polícias militares são órgãos do sistema de segurança pública brasileiro, competentes para a preservação da ordem pública com ações de polícia ostensiva, nos termos da Constituição Federal, art 144, § 5º. A ordem pública corresponde a um conjunto de regras objetivadas a balizar as relações sociais, estabelecendo um clima de convivência pacífica, direcionadas ao bem comum. É uma situação oposta à desordem.

A preservação da ordem pública é subentendida em dois momentos: prevenção e restauração. Prevenir é evitar que a ordem pública seja perturbada, por meio das ações de polícia ostensiva, fardada, facilmente visível e inconfundível, inibindo ou desencorajando terceiros mal-intencionados dispostos a praticar delitos penais. Uma vez quebrada a ordem pública, passa-se à restauração, cujo escopo é restabelecer, lançar mão do poder de polícia para interferir em bens, atividades e direitos individuais em prol da coletividade, almejando o convívio social harmonioso.

Via de regra, a quebra da ordem pública ocorre por crimes típicos como perturbação do trabalho e sossego alheios, infrações de trânsito, furto, ameaça, violência doméstica, posse de droga e outros crimes de menor potencial ofensivo[20]. Este é o cotidiano policial. Entretanto, há casos que escapam deste "estado de normalidade" e obrigam uma resposta especializada do Estado a crimes de grande envergadura e grave perturbação da ordem pública.

Os crimes de altíssimo risco, de caráter não rotineiro e elevada periculosidade, demandam o emprego de homens e armas especiais, sob pena de vidas serem colocadas em perigo, sejam das vítimas, de terceiros, dos próprios policiais ou dos infratores envolvidos na ocorrência. Os exemplos que se encaixam nesse contexto complexo são as ocorrências com tomada de reféns, suicidas armados, artefatos explosivos, roubos a instituições financeiras no *modus operandi* de um Novo Cangaço ou Domínio de Cidades, combate ao crime organizado e ao narcotráfico. Tais situações são a razão de existir das operações especiais nas polícias. Sejam tais crimes cometidos por terroristas ou integrantes mais violentos de facções criminosas, os Caveiras estão prontos para o enfrentamento dessas ameaças, seja qual for a sua localização: em favelas, edificações, veículos de transporte, áreas rurais etc.

4.1.1 Ocorrências com refém localizado

As ocorrências com reféns localizados[21] seguem um padrão nacional de gerenciamento de crises, consistindo em uma resposta especial da polícia a situações cruciais com o fulcro de restabelecer a ordem pública e alcançar a solução mais aceitável para o evento, sempre com prioridade em salvar vidas.

Toda tomada de decisão no gerenciamento de crises perpassa a análise dos "critérios de ação" que são a necessidade, validade do risco e aceitabilidade. A **necessidade** indica que toda e qualquer ação

20 Dados referentes aos anos de 2017 a 2020, conforme sistema *Business Intelligence (BI)* da PMSC (dados não publicados).

21 Refém localizado é aquele que se encontra em local certo, como uma casa, prédio, loja, praça etc. Diferente de um sequestro onde o local do cativeiro ou localização da vítima ainda não é sabido, sendo necessário trabalho de investigação para apuração.

somente deve ser implementada quando for indispensável (resume-se na pergunta: isso é realmente necessário?). Na **validade do risco**, a ação tem de levar em conta se os riscos dela advindos são compensados pelos resultados (questiona-se: vale a pena correr esse risco?). A **aceitabilidade** descende do fato de que toda ação deve ter respaldo legal, moral e ético. A imprevisibilidade, compressão do tempo e ameaça à vida concorrem como características da crise, podendo ocorrer de maneira inesperada com qualquer pessoa, tempo e lugar, com a necessidade de providências urgentes serem adotadas.

Figura 66 – Critérios de ação: a necessidade, validade do risco e aceitabilidade.

Fonte: ilustração idealizada pelo autor.

Uma vez que a crise se estabilize e os recursos locais e de apoio sejam aportados na ocorrência, é comum que zonas operacionais sejam claramente definidas para um eficaz gerenciamento de crise. A zona que envolve o ponto crítico, também definida por zona quente ou tática, é aquela que está sujeita à aplicação direta das alternativas táticas. A zona adjacente, ou zona estratégica, compreende o perímetro interno da crise, com a fixação do posto de comando, montagem do gabinete de gerenciamento de crise, posicionamento de ambulância, equipes de apoio etc. Fora do isolamento da zona estratégica está o perímetro externo para a delimitação da imprensa e curiosos.

Figura 67 – Zonas Operacionais.

Fonte: ilustração idealizada pelo autor.

Toda crise é desencadeada por um ou mais indivíduos que agem pelas mais variadas razões. Estes agentes passam a ser classificados como Causadores do Evento Crítico (CEC) e recebem uma tipologia específica, conforme a identificação do seu estado psicológico e de sua motivação. Há diversas classificações para a tipologia do causador, mas, de modo simplificado, é possível agrupá-los em três categorias, quais sejam: criminoso profissional, mentalmente perturbado e terroristas.

Figura 68 – Classificação simplificada de CEC.

Fonte: ilustração idealizada pelo autor.

O **criminoso** é o indivíduo que se dedica ao rotineiro cometimento de delitos e normalmente provoca uma crise por acidente, devido a um crime frustrado e ao inesperado confronto com a polícia. Com intuito de promover a sua integridade física ou a possibilidade de uma fuga, o criminoso toma como reféns as pessoas que estão ao seu alcance, neutralizando as ações policiais. Não há eleição de alvos específicos, as vítimas ocorrem de forma aleatória, pois o objetivo não eram as pessoas, mas sim o patrimônio. Clássico exemplo é de um criminoso que durante certo roubo a estabelecimento comercial é surpreendido com a chegada de policiais militares e coloca os funcionários e/ou clientes como reféns.

Já o indivíduo **mentalmente perturbado** é aquele que sofre com transtornos mentais que o tornam parcial ou completamente dissociado da realidade. Existe uma grande quantidade de perturbações mentais, porém os transtornos psicóticos causados por esquizofrenia e os transtornos mentais orgânicos, decorrentes de abuso ou abstinência de drogas são os que mais comumente apresentam agressividade e geram ocorrências de crise. Nessa categoria se encontra, também, o mentalmente perturbado passional, assim considerado o indivíduo sem histórico delitivo que, após um evento estressor originado por traição conjugal ou ofensa à honra pessoal, entra em surto psicótico e passa a adotar posturas violentas, inclusive com a tomada de refém. Todos esses casos são de muita complexidade, pois dependendo da motivação e do estado mental, os causadores desses eventos críticos não demonstram preocupação com a própria vida. Com os passionais, agravam-se as ocorrências em que as vítimas subjugadas são o gatilho do surto, podendo ser alvos de retribuição da dor emocional.

A classificação **terrorista** recai sobre os indivíduos que praticam ações violentas para divulgação de uma determinada causa ideológica. No Brasil, o terrorismo é criminalizado conforme a Lei 13.260/16 e se dá através de ações envolvendo xenofobia, discriminação ou preconceito de raça, cor, etnia e religião, cometidas com a finalidade de provocar terror social ou generalizado, expondo a perigo pessoa, patrimônio ou a incolumidade pública. Há pouca incidência desse crime em virtude da não atuação manifesta de grupos radicais que, por motivação religiosa e objetivos políticos, praticam atos horrendos para desestabilizar nações e levar o pânico à sociedade por guerra assimétrica e terrorismo internacional[22]. Há registros de atos preparatórios por "lobos solitários" (*lone wolves*), isto é, que não têm perfil específico ou causa definida para seus atos terroristas. Outro aspecto preocupante são os eventuais ataques de "atiradores ativos", sujeitos que em posse de arma de fogo tentam matar ou ferir pessoas aleatoriamente, sem nenhum padrão de seleção definido.

Concorrente à definição do Causador do Evento Crítico, são levantadas outras informações tais como vestes, histórico criminal, estado mental, presença de armas de fogo e artefatos diversos. Sobre os reféns, são apuradas a quantidade, idade, condição física e localização no ponto crítico. Em relação ao local do evento, são verificados o tipo de edificação, número de cômodos, planta baixa e vias de acesso.

Averiguados os elementos essenciais de inteligência, passa-se ao planejamento e adoção de estratégias para a solução da crise, sempre com o objetivo de salvar vidas e aplicar a lei. A partir de então, todo o teatro de operações passa a ser coordenado pelo gerente da crise que será a autoridade competente para as decisões no que se refere à aplicação das alternativas táticas, sempre iniciada pela negociação, seguida pelos instrumentos de menor potencial ofensivo e a invasão tática combinada (ou não) com o emprego do *sniper*.

22 Na Tríplice Fronteira entre Brasil, Paraguai e Argentina há registros da presença de grupos internacionais como o Estado Islâmico (ISIS), Al Qaeda, Hamas e principalmente o Hezbollah, em decorrência da lavagem de dinheiro, tráfico de drogas e venda de armas para cartéis e facções criminosas.

Figura 69 – Sequência das alternativas táticas.

Fonte: ilustração idealizada pelo autor.

A equipe de negociação é o grupo responsável em coletar informações para o gerente da crise e utilizar as técnicas de negociação para liberação dos reféns. Não é um decisor no processo. Uma negociação é real quando objetiva a rendição ou desistência do ato pelo convencimento do perpetrador e, tática, quando tem a finalidade de preparar o ambiente para atuação da equipe tática. A negociação sempre será a primeira alternativa a ser buscada, independentemente do tipo de Causador do Evento Crítico (CEC), em razão da garantia de segurança e preservação da vida de todos os envolvidos na crise. Esse caminho, quando possível, é percorrido com foco na submissão pacífica do perpetrador, adquirida pela confiança (*rapport*) construída pelo negociador, análise da motivação, gatilhos e pontos de ancoragem do causador, empatia e escuta ativa.

Caso a negociação não aconteça ou não apresente indicadores de progressão, sucede-se o planejamento de emprego da equipe tática, priorizando-se a possibilidade de uso dos instrumentos de menor potencial ofensivo (IMPO), pois ainda há primazia pela preservação de todas as vidas envolvidas. Os principais recursos são as pistolas de incapacitação neuromuscular, as espingardas calibre 12, com munições de elastômero, e as granadas com agente químico lacrimogêneo. A Taser e a Spark (esta, de fabricação nacional) são os equipamentos de condutividade elétrica mais usados pelas forças policiais brasileiras; produzem um forte pulso elétrico de 50 mil volts, à baixa amperagem, incapacitando instantaneamente o alvo por cerca de cinco segundos a cada carga. As munições de impacto controlado usadas nas espingardas calibre 12 possuem baixa energia, se comparadas às munições de chumbo e são de característica não letal, se empregadas corretamente levando em conta critérios de distância e área de impacto; garantem, também, alto poder de intimidação psicológica. As granadas explosivas, ou de emissão, são compostas por agentes químicos lacrimogênios, a exemplo do CS (ortoclorobenzilmanolonitrilo) e do OC (oleoresina de capsaicina, extraído da pimenta malagueta), usados para debilitar as pessoas no interior de um ambiente confinado quando lançadas.

Uma vez determinada a intervenção, a equipe tática passa a gozar de autonomia operativa, nos limites da opção tática previamente analisada e autorizada pelo gerente da crise. Nesse contexto, é peça fundamental para a resolução da crise, considerando a versatilidade e adaptação ao cenário por parte dos operadores, os quais dominam o ponto crítico em fluição sincronizada e técnicas de combates em ambientes confinados (CQB – Close Quarter Battle), libertando reféns, prendendo ou neutralizando o causador da crise, conforme o seu grau de agressividade.

Figura 70 – Invasão tática a estruturas tubulares: treinamento integrado entre os Cursos de Operações Especiais de SC e RS, em 2019.

Fonte: arquivo pessoal.

No sistema tático, há a previsão de emprego do *sniper* policial ou atirador policial de precisão, com a dupla finalidade de observar o teatro de operações para buscar novos elementos de informação e executar, caso seja necessário, o tiro de comprometimento em legítima defesa de terceiros. Esse disparo ocorrerá somente em casos extremos, simultaneamente à invasão ou assalto da equipe tática, devido ao iminente risco de vida das vítimas envolvidas e após autorização (luz verde) do gerente da crise.

Figura 71 – Sniper do COBRA/BOPE.

Fonte: arquivo pessoal.

Esses atiradores de elite são especialistas no tiro de precisão em longa distância, capazes de acertar uma moeda de R$ 1,00 a 100 metros de distância, com muita tranquilidade[23]. No cenário de crise, este tiro certeiro é visado no tronco encefálico do agente, o qual é neutralizado (morte instantânea) sem espasmos musculares, descartando o risco de eventual disparo de arma de fogo após alvejado, mesmo com a arma engatilhada.

23 Dados equivalentes a 1 MOA (*Minute of Angle*), correspondentes à capacidade de atingir alvos dentro de uma área com 3 centímetros de diâmetro e localizados a 100 metros de distância.

Figura 72 – O “T” fatal, região entre os olhos e a ponta do nariz do perpetrador, área alvo para o disparo do sniper.

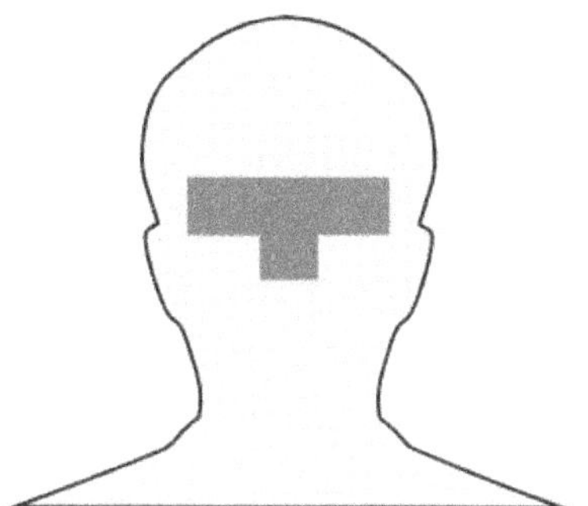

Fonte: ilustração idealizada pelo autor.

4.1.2 Ocorrência com suicida armado

Caracterizam-se como missões de operações policiais especiais, as ocorrências de suicidas, desde que, obrigatoriamente, estejam em posse de arma de fogo ou arma branca. O ato de querer se suicidar, por si só, não demanda o acionamento dos Caveiras, mas quando o sujeito porta qualquer tipo de arma, a sua conduta pode comprometer a vida de terceiros ou até mesmo dos policiais primeiros interventores. O perfil do suicida normalmente se encaixa na tipologia do indivíduo mentalmente perturbado, com motivações referentes à honra pessoal, tais como problemas financeiros ou conjugais, depressão, perda de algum ente querido, doença crônica, podendo também ocorrer por abuso/abstinência de drogas ou álcool.

Nestes casos, a negociação será a rainha das alternativas. O que se objetiva é a rendição pacífica desse sujeito que, normalmente, não é um criminoso, mas sim, alguém com problemas pessoais. O “X” da questão será a habilidade do negociador em descobrir e explorar o ponto de ancoragem, isto é, o motivo pelo qual esta pessoa ainda não se matou e permanece viva.

Caso haja a participação da equipe tática, o propósito será o emprego de instrumentos de menor potencial ofensivo, principalmente as pistolas de incapacitação neuromuscular, combinadas com as técnicas de mãos livres para desarmar o causador da crise. As armas letais serão empregadas somente em caso de legítima defesa da própria equipe ou de terceiros. Isso é óbvio, uma vez que não é razoável que alguém desejando tirar a própria vida seja morto pelos policiais.

A grande exceção pode ocorrer quando a ocorrência migra para o que a doutrina policial categoriza como "*suicide by cop*" (em tradução literal, suicida por policial), ocasião em que o indivíduo, por algum motivo, não se suicida, mas apresenta determinado comportamento com a intenção de provocar o uso de força letal pelo policial militar, com a finalidade de ser morto por ela. Um exemplo seria o de alguém que, querendo pôr fim à própria vida, sem ter coragem de atirar ou esfaquear a si mesmo, corre em direção aos policiais colocando em risco a vida destes.

4.1.3 Incidentes com bombas e explosivos

Explosivos são substâncias capazes de fornecer, através de uma reação química extremamente veloz, um grande volume de gases, elevadas temperaturas e ondas de pressão. Existem diversas classificações de explosivos e as mais importantes são:

- **baixo e alto explosivo** - divididos com parâmetro na velocidade de mudança de estado decorrente da reação química de uma substância combustível em presença de um oxidante (comburente). Em suma, o baixo explosivo deflagra, ao passo que o alto explosivo, detona. Na deflagração, a reação química prossegue por camadas através do material a uma taxa inferior ou igual a velocidade do som (340 m/s). Na detonação, o fenômeno se realiza no material através de uma onda de choque em grandes velocidades tipicamente entre 1.500 e 9.000 m/s (MARSHALL e OXLEY, 2009);
- **comerciais e militares** - são empregados para fins bélicos e aqueles, para a indústria civil;

- **iniciadores e rompedores** - classificados conforme a relação de sensibilidade e potência. O acessório iniciador é um engenho muito sensível e sua finalidade é proporcionar a energia necessária à ativação de outro explosivo. Têm elevado grau de sensibilidade ao choque, fricção, faísca elétrica ou calor. Os rompedores são mais poderosos, menos sensíveis e só podem ser detonados pela explosão de um explosivo iniciador.

Tabela com exemplos de explosivos e classificações.

EXPLOSIVO	Alto	Baixo	Comercial	Militar	Iniciador	Rompedor
PÓLVORAS		X	X	X		
TNT	X			X		X
PETN	X		X	X		X
RDX	X			X		X
PBX	X			X		X
HMX	X			X		X
ANFO	X		X			X
NITRATO DE AMÔNIO	X		X			X
AZIDA DE CHUMBO	X		X	X	X	
ESTIFINATO DE CHUMBO	X		X	X	X	
ESTIFINATO DE BÁRIO	X		X	X	X	
NITROGLICERINA	X		X			X

Fonte: tabela organizada pelo autor

A tabela acima apresenta alguns tipos de explosivos e respectivas classificações, merecendo alguns esclarecimentos.

- As pólvoras englobam a pólvora negra (ou mecânica) e as pólvoras químicas (ou coloidais).
- TNT (*Trinitrotoluen*) é o exemplo mais clássico dos explosivos militares. RDX (*Cyclotrimethylenetrinitramin*) e HMX (*Cyclotetramethylenetetranitramine*) são explosivos militares de altíssima velocidade.

- O PBX (*Polymer Bonded Explosives*) são explosivos plásticos, usados em cargas moldáveis.
- O NA (Nitrato de Amônio), combinado com combustíveis, é o explosivo comercial mais utilizado nas atividades de mineração e desmontes de rocha, sendo a base da formulação do ANFO (*Ammonium Nitrate Fuel Oil*).
- A Azida de Chumbo, o Estifinato de Chumbo e o Estifinato de Bário são exemplos de explosivos iniciadores, de grande sensibilidade.
- A Nitroglicerina é o explosivo base da dinamite.

O encadeamento lógico dos explosivos é conhecido por trem de explosão, *explosive train* ou *tren de fuego*, que corresponde ao arranjamento dos engenhos energéticos em uma relação de sensibilidade e potência. Quando organizamos os explosivos na disposição crescente, quanto à potência, e decrescente, quanto à sensibilidade, temos a estruturação de uma bomba.

As bombas constituem engenhos construídos com o intuito de causar danos, lesões ou mortes e que podem ser fabricadas não somente com explosivos, mas também com materiais inflamáveis, agentes QBRN (Químico, Biológico, Radiológico e Nuclear) ou de forma mista. As bombas se classificam, internacionalmente, em 2 tipos: artefatos explosivos industrializados (EOD - *Explosive Ordnance Disposal*) e artefatos explosivos improvisados (IED - *Improvised Explosive Device*).

EOD´s são as bombas fabricadas industrialmente para uso civil ou militar, de forma lícita, respondem a normas fixas e são desenhadas para um objetivo concreto. É o caso dos foguetes, mísseis, bombas de aviação, granadas de mão, granadas de morteiro, minas antipessoal, minas *claymore*, minas anticarro, produtos ou artifícios pirotécnicos, bengala de sinalização etc.

Os artefatos explosivos improvisados, IED´s, são engenhos elaborados com o objetivo de causar alarme e/ou danos a pessoas e/ou coisas e têm as seguintes características: a) não respondem a normas fixas; b) apresentam desenhos e aparências variados, conforme a finalidade, conhecimento e imaginação de quem o construiu; c) podem incorporar elementos ou incluir artefatos industrializados completos ou explosivos de origem militar ou comercial; d) são, em geral, construídos a partir de motivação delitiva, terrorista, uso em guerrilha, guerra assimétrica (GUARDIA CIVIL, 2016).

Uma explosão ocorre quando uma grande quantidade de energia é subitamente liberada. A reação química envolvendo materiais explosivos resulta em uma rápida liberação energética, gerando os efeitos da explosão: sobrepressão, calor, ondas de choque e fragmentação. As elevadas velocidades de reação produzem pressões na ordem de 19.000 a 145.000 atm e temperaturas superiores a 3000°C, capazes de causar a destruição de objetos em sua vizinhança e iniciar outros explosivos.

Figura 73 – Efeitos da explosão.

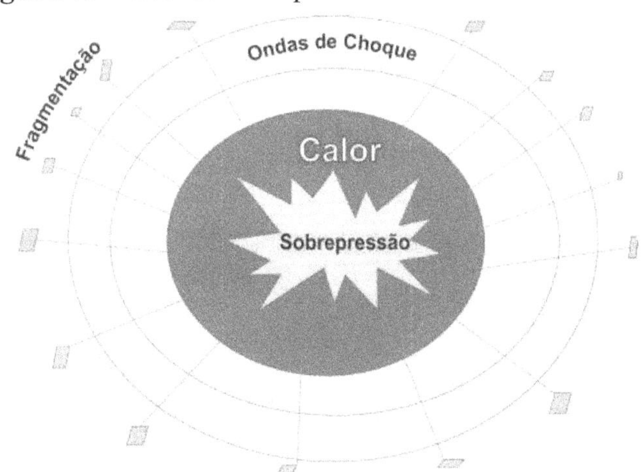

Fonte: ilustração idealizada pelo autor.

O uso criminoso de explosivos no Brasil normalmente é decorrente de roubos a instituições financeiras, tipicamente com a explosão de caixas eletrônicos para acesso ao dinheiro armazenado. Tal modalidade é de origem desconhecida, entretanto, entendo que é derivada do arrombamento com uso de maçarico ou furadeira. Esta modalidade foi desenvolvida na região norte do Estado de Santa Catarina, precisamente na cidade de Joinville, a partir da junção de três elementos: conhecimento técnico de metalurgia, informação da posição do dinheiro e tipo de material com que são fabricados os caixas eletrônicos. A troca de informações entre os "Caixeiros", como são conhecidos no meio policial os criminosos especialistas neste tipo de furto de caixas eletrônicos, e criminosos do Paraná, conhecedores do manuseio de explosivos em desmontes de rochas, resultou neste violento *modus operandi*. Em 2011, Santa Catarina registrava 92 ocorrências de furto a caixas eletrônicos, sendo que 31 já eram com o uso de explosivos. O *boom* no Brasil, com incidência em outros Estados, ocorreu a partir do ano de 2012.

A bomba preferida dos criminosos que atuam nessa modalidade de crime é a emulsão encartuchada de nitrato de amônio (NA), tendo como detonador a espoleta comum nº 8 que é composta por uma carga de PETN e um misto de azida e estifinato de chumbo, acionadas pelo sistema pirotécnico por meio de chama (fósforo ou isqueiro).

Figura 74 – Treinamento de aplicação do traje antibomba combinado com o braço robótico.

Fonte: arquivo pessoal.

Havendo qualquer incidente com bombas ou explosivos que demande acionamento do BOPE, o Grupo Antibombas é empregado com efetivo técnico explosivista que com procedimentos e equipamentos específicos realizam a desativação do artefato, em observância a categorias de risco e prioridades de segurança com relação a vidas humanas, bens materiais e evidências.

4.1.4 Roubo a instituições financeiras: Novo Cangaço ou Domínio de Cidades

Historicamente, roubos a agências bancárias costumam ser crimes de alta periculosidade nos quais os criminosos agem com muita violência. São delitos rentáveis que envolvem significativas quantias monetárias e, por consequência, magnetizam os "profissionais do crime" de maior reputação e disposição para alcance do resultado, a qualquer preço. Todo grande roubo requer planejamento, análise de custo-benefício, investimento financeiro e de armamento, não havendo espaço para aprendizes, salvo em atribuições acessórias e de apoio. O grau de experiência dos criminosos envolvidos é diretamente proporcional aos valores dos bens cobiçados, isto é, quanto mais dinheiro na "cena", mais "conceituado" será o ladrão incluído. O mesmo acontece em roubos a veículos de transportes de valores (carros-fortes), joalherias e lotéricas, variando conforme o nível de segurança privada – eletrônica e de pessoas – abrangido.

Hodiernamente, o grau máximo de violência criminal vivenciada no Brasil é o delito intitulado "Novo Cangaço" ou "Domínio de Cidades". A indefinição do nome decorre de uma discussão no Congresso Federal para tipificar o crime com o nome de Domínio de Cidades, mas que já é conhecido na comunidade policial como Novo Cangaço, em decorrência das semelhanças com o antigo modo cangaceiro do bando de "Lampião", cujos membros, nas décadas de 1920 e 1930, sitiavam e pilhavam cidades do Nordeste e cometiam assassinatos.

O "Novo Cangaço" é realizado por organizações criminosas estruturalmente ordenadas, caracterizadas pela divisão de tarefas. Empregando armas de grosso calibre e explosivos, atacam cidades, submetem reféns como escudo humano, disparam a esmo ou contra as forças de segurança locais com o fim de intimidação, fogem incendiando veículos e lançando miguelitos (pregos retorcidos) para furar pneus e boicotar perseguições, enfim, levam o caos e o pânico à população local.

Figura 75 – Características e funções dos criminosos no Novo Cangaço.

Fonte: Vicente (2017, p. 55).

No contexto da criminalidade organizada, o Novo Cangaço surgiu como uma forma de arrecadação de fundos financeiros para os grupos criminosos, tendo conexão direta no cometimento de outros crimes como a lavagem de dinheiro e o tráfico de entorpecentes, fazendo com que estes grupos se organizem como verdadeiras empresas do crime com diversas frentes de negócios manifestamente ilegais.

Para serem combatidos, tais crimes requerem difícil trabalho de inteligência e integração interagências, haja vista que os assaltantes não possuem fronteiras e atuam em diversos Estados. Uma mesma organização criminosa, por exemplo, age no Norte de Santa Catarina e no Sul Paraná, ou outra, com ocorrências no Rio Grande do Sul e no interior catarinense.

Quando deflagrada a empreitada criminosa, a linha de ação mais adequada compreende a execução de um "plano de contingência" com as primeiras medidas do policiamento local, objetivando a realização de um cerco de grande perímetro, englobando estratégias de barreiras, bloqueios e patrulhas policiais, observação e monitoramento, providências de inteligência, além do acionamento do BOPE e das outras unidades especializadas, tudo com o objetivo de quebrar o planejamento da organização criminosa e oportunizar a atuação policial.

Em se tratando de operações especiais, o protagonismo do BOPE nessas ocorrências se dá quando os criminosos empreendem fuga a pé para áreas de mata, exigindo emprego apurado da doutrina de patrulha rural, com camuflagem, navegação, técnicas de deslocamento e de ação imediata, disciplina para manter alto o nível de alerta e segurança da equipe, perseverança no rastreamento humano, na tolerância do desconforto e da fadiga, missão típica de operações especiais.

4.1.5 Combate às Facções Criminosas

As principais missões de combate ao crime organizado que demandam emprego de efetivo de operações policiais especiais são aquelas afetas ao tráfico de drogas e de armas de fogo, especialmente quando estes conteúdos já estão nas favelas e em posse dos traficantes. Incursionar nessas "áreas vermelhas" requer disciplina e presteza, com observância de técnicas precisas de patrulha urbana para que a segurança dos operadores seja maximizada.

O controle das favelas brasileiras está nas mãos das facções criminosas, assim entendidas como grande grupo de pessoas habilmente articuladas, com líderes e níveis hierárquicos bem definidos, com o propósito de cometer crimes e subsistir dele. Com atuação em todo o Brasil, as maiores e mais estruturadas facções criminosas são o Comando Vermelho (CV) do Rio de Janeiro e o Primeiro Comando da Capital (PCC) de São Paulo, entretanto, há muitas outras facções com ações mais regionalizadas como a Família do Norte (FDN), do Amazonas; Família Monstro, de Minas Gerais; Okaida, da Paraíba; e muitas outras.

Figura 76 – Mapa do Brasil indicando as principais facções criminosas atuantes em cada Estado.

Fonte: ilustração idealizada pelo autor.

Em Santa Catarina, a maior facção criminosa é o PGC (Primeiro Grupo Catarinense), nascida no interior dos presídios catarinenses, com a mesma ideologia de facções de fora do Estado, usando um estatuto para regulamentar suas atividades de organização. Não há uma liderança única. Existe um conselho, dividido em primeiro e segundo ministério, que centraliza as ações. Este conselho é formado pelos detentos fundadores e por antiguidade na facção, sendo que se o detento sair do sistema prisional, será substituído. Abaixo do Conselho estão os "Disciplinas", responsáveis pelo direcionamento e execução das medidas decididas. Podem ser Disciplinas do Mundão (da rua) ou das "Faculdades" (das unidades prisionais), que tomam conta de determinada localidade ou unidade prisional, respectivamente. Os "Disciplinas" são utilizados para organização e para pregar a ideologia do grupo. Em algumas cidades há 5 (cinco) "disciplinas": o encarregado de cuidar e obter armas de fogo; o responsável pelas operações que envolvam drogas (compra, recebimento, guarda, distribuição para os locais de venda, fiscalização do comércio e das pessoas que dele participam etc.); o incumbido pelo "rigor", que pode ser entendido como o cumprimento das decisões do conselho aplicáveis aos membros; o encarregado dos atos de inclusão no grupo; e, o responsável pelo cadastramento dos integrantes.

O Primeiro Grupo Catarinense utiliza jargões e siglas específicas para se identificar, como: "TUDO 2", "É O TREM" e "16.7.3", este último se refere à ordem das letras 'PGC" no alfabeto. Além de atuar em Santa Catarina, o Grupo tem vínculos em outros estados brasileiros - Paraná, Mato Grosso e Mato Grosso do Sul - empreende na fronteira com o Paraguai, Bolívia e Peru, além de ter aliança com outras facções criminosas como Comando Vermelho e Família do Norte.

Em contrapartida, seu principal rival é o PCC, o que confirma o padrão do cenário nacional. Assim, a guerra por territórios pode ser resumida como "o PCC contra todos". Quando há confronto entre os integrantes, homicídios com "requintes de crueldade" são constantes, não sendo incomum que cenas das execuções sejam gravadas e divulgadas pelos próprios criminosos em redes sociais.

Quando necessária a progressão do BOPE nas áreas dominadas pelas facções criminosas, uma equipe de quatro policiais militares consegue, com muita segurança, se movimentar e dominar qualquer favela catarinense, por meio do conjunto de técnicas conhecido por Patrulha Urbana. A fluição pelos becos e ruas estreitas parte do conceito de ponta dupla, onde os dois primeiros homens, chamados de Ponta 1 e Ponta 2, atuam de forma sincronizada, cobrindo os perigos imediatos, à frente, e ditando a cadência da patrulha. O 3º homem, Comandante da equipe, se preocupa com os flancos, enquanto o 4º e último homem fica responsável pela segurança da retaguarda.

Figura 77 – Conduta de Patrulha Urbana.

Fonte: ilustração idealizada pelo autor.

O entrosamento da equipe permite uma movimentação harmônica e metódica, com múltiplas coberturas dos perigos que podem se apresentar a curta e longa distâncias, somados aos conceitos de postura e caminhada tática, plataforma de tiro, uso do fuzil como arma primária e aproveitamento de abrigos.

5 DA TEORIA À PRÁTICA: MISSÕES REAIS DE OPERAÇÕES POLICIAIS ESPECIAIS

"E que nunca envergonhemos a nossa fé, nossas famílias ou nossos camaradas".
Oração das Forças Especiais.

O presente capítulo visa apresentar um sucinto recorte de ocorrências emblemáticas vivenciadas ao longo de 10 anos contínuos servidos no BOPE. Para um Oficial de Santa Catarina é uma marca única, considerando que o BOPE foi criado há apenas 16 anos, em 2005. Antes disso, era uma Companhia do Batalhão de Operações Especiais – BOE junto com Cavalaria e Canil. Ademais, as promoções em Santa Catarina têm ocorrido com razoável velocidade, possibilitando que o Oficial possa ascender de Aspirante a Oficial a Major, basicamente só cumprindo o interstício (tempo mínimo de permanência no posto), o que faz com que nossa carreira compulsoriamente tenha início, meio e fim em qualquer Unidade, devido à mudança naturral da função e das responsabilidades do cargo.

Já o Praça, se assim desejar, pode realizar toda a sua carreira em apenas um Batalhão, de Soldado a Subtenente, inclusive no atendimento de ocorrências, atividade finalística da Polícia Militar. Aliás, exemplos notáveis, pois apesar da viciante adrenalina e do sentimento de dever cumprido que as "boas" ocorrências nos trazem, ser policial no Brasil não é tarefa fácil. É sabido que a atividade policial é altamente complexa e está entre as profissões mais estressantes do planeta, assim como é notório o recrudescimento da criminalidade e os reflexos que isso gera nos aspectos sociais da vida deste profissional, incluindo ambiente familiar e relacional.

A interação entre polícia e sociedade é assunto de muitos debates. Julgamentos generalizados que afetam a boa imagem da corporação e de seus integrantes são problemas comuns às polícias de todos os países. De fato, posturas abusivas ou que caracterizam desvios funcionais devem ser apuradas e penalizadas, pois o ofício policial militar é dotado de fé pública e compreende padrões éticos que vão além da licitude, perícia e honestidade requisitados na maioria das profissões. Exige-se que o policial tenha conduta pautada em extrema retidão de caráter e servidão à comunidade mesmo com o risco da própria vida. São fatos que demonstram a natureza de sacerdócio que caracteriza essa profissão, uma vez que sua nobreza não comporta grandes rendimentos financeiros, mas sim, uma profunda realização pessoal.

As missões de operações policiais especiais são singulares e circunstanciais e o ótimo resultado de um incidente com todas as vidas preservadas, inclusive a do perpetrador, é algo que requer não somente planejamento e conhecimento técnico adequado, é preciso criatividade e, casualmente, um pouco de sorte. "*Fortuna Audaces Sequitur*" - a sorte acompanha os audazes - é o lema dos Mergulhadores de Combate da Marinha do Brasil, não por acaso.

Em Santa Catarina, as ocorrências com tomada de refém costumam envolver causadores do tipo "mentalmente perturbado", sendo a vítima conhecida do algoz. Os suicidas armados, em regra estão em posse de faca e a solução normalmente é alcançada com aplicação da equipe tática. Os incidentes com artefatos explosivos foram os que mais atendi ao longo da carreira e que me notabilizaram na PMSC, com mais de 100 atendimentos. O combate ao narcotráfico e as incursões em favelas fazem parte do cotidiano do BOPE e os crimes de Novo Cangaço ou Domínio de Cidades são os mais violentos do momento.

Algumas narrativas a seguir estão no formato de diálogo para que possam "mostrar em vez de contar" ao leitor as percepções vividas, sensibilidade inexistente quando se lança mão da narração expositiva.

5.1 O *FAKE SUICIDE BY COP*

Era um domingo de Páscoa, em março de 2013, quando recebi a ligação do Oficial Supervisor do BOPE determinando que eu preparasse a equipe COBRA para nos deslocarmos até Chapecó em razão de um incidente com múltiplos reféns. Na época, eu era o Comandante do COBRA e acionei o efetivo operacional para missão.

Por terra, o tempo de viagem seria em torno de seis horas. De helicóptero, chegaríamos em duas horas, mas só seria possível o transporte de quatro integrantes do BOPE. Decidiu-se então que deslocariam um Oficial gerente de crise, um Oficial negociador, um sniper e eu como Comandante da equipe tática. O restante do efetivo operacional do COBRA iria de viatura.

Chegamos cerca de quatro horas depois da crise instalada. O local estava bem isolado pelos policiais militares do 2º BPM e o PPT estava posicionado como equipe de intervenção emergencial. O CEC (Causador do Evento Crítico) era um homem de 36 anos que chegou no horário do almoço, portando pistola e que submeteu todos os familiares da ex-esposa como reféns, inclusive o próprio filho do casal. Por sorte, a ex-esposa não estava na casa.

O perfil do CEC era o de mentalmente perturbado, que não aceitava o rompimento do casamento de 12 anos, ocorrido há um ano. Era parte em diversos boletins de ocorrência por violência doméstica e tinha histórico de tentativa de suicídio. Além disso, tinha conhecimentos de técnicas policiais por ser proprietário de uma pista de *paintball*, onde eram realizados, constantemente, exercícios simulados de combates em ambientes confinados (CQB). Ele agrupou todos os reféns no segundo piso da casa, barricou portas, lacrou janelas e colocou espelhos na escada de acesso para observar alguma movimentação policial no primeiro piso, caso houvesse.

Iniciadas as negociações, a única exigência do CEC era conversar com a ex-esposa, ainda que por telefone, tão somente para pedir desculpas. A exigência não foi atendida, pois era claro o indício de "plateia para o suicídio", ocasião em que o indivíduo provavelmente culparia a ex-esposa antes de tirar a própria vida. De maneira inteligente, o Oficial negociador conduziu os trabalhos com o CEC e os reféns foram libertados, um a um, ao longo de quatro horas. O "último" a ser liberado foi o próprio filho, Destaco que a palavra último está entre aspas porque o CEC não sabia que a ex-sogra estava escondida em um dos quartos, em silêncio.

Pouco depois, o Oficial gerente da crise me procurou e informou que o CEC queria se entregar pacificamente, mas com a possibilidade de ser um *suicide by cop*, situação em que o sujeito não quer ou não tem coragem para se suicidar e cria circunstâncias para que o policial tire a vida dele. Diante do fato, perguntei:

- Não entendi. Ele vai sair pacífico ou *suicide*?

- Não sei amigo, pode ser as duas coisas. A ocorrência agora está contigo - respondeu o Oficial gerente da crise.

- Comigo não, está com ele (o CEC). Se ele sair com a mão na cabeça será preso. Se ele sair atirando, vou responder à agressão.

- OK amigo, está contigo! - respondeu o gerente com um sorriso sarcástico e um tapinha nas costas.

A equipe COBRA, que se deslocava por terra, ainda não havia chegado na ocorrência. Não só pelo tempo de deslocamento, mas por terem se envolvido em um acidente leve no percurso, atrasando o tempo-resposta.

Assim, a equipe de invasão tática era uma mescla entre eu, como ponta 1, portando submetralhadora HK MP5 cal 9mm, e o *sniper* que, por não ter contato visual para atuação, transformou-se em ponta 2, junto dos demais integrantes do PPT que faziam a função de escudeiro, ala 1, com *Taser,* e ala 2, com espingarda e elastômero. Eu já havia deliberado com a equipe que puxaria a ponta da coluna e seria o primeiro a realizar disparos letais, caso precisasse, sendo que o ponta 2 seria meu *backup*. Os outros dois integrantes, com instrumentos de menor potencial ofensivo, também só agiriam sob meu comando.

Estávamos posicionados no lado direito da garagem, pelo lado de fora da casa e o Oficial negociador, no lado esquerdo, estava abrigado atrás de um carro. A imprensa toda estava no local e havia repórteres "pendurados" nos prédios vizinhos para registrar a cena. Uma hora depois, o CEC começa a aparecer. Ele fica em um cômodo, antes da garagem. Está de camisa, calça e usava luva tática, dessas com os dedos cortados. Observa e senta.

- Fulano, vamos sair tranquilo! - chamou o Oficial negociador.

- O que são esses caras aí? Vão me matar? – disse o CEC irritado e em tom ameaçador.

- Não, Fulano, eles estão aqui para te ajudar.

- Ajudar é? Ajudar o caralho! Quero ver se esse filho da puta de preto tem coragem de me atirar. Vai, atira! Atira! - gritou o CEC apontando para mim e abrindo o peito como se fosse um alvo.

- Põe a mão na cabeça e deite no chão! – ordenei, vigorosamente.

- Mão na cabeça é o caralho! Não tens coragem de atirar, né! Então, é o seguinte, se eu pegar a minha arma que está aqui nas minhas costas e atirar em você, você tem coragem?

- Bota a mão na cabeça e deita no chão!

- Ah é? Seu cagalhão, vamos ver! – gritou o CEC com olhos arregalados e rangendo os dentes.

Ele fez um movimento brusco, simulando pegar a arma nas costas e apontando para mim, mas quando ele apontou não tinha nada nas mãos. Meu dedo foi e voltou do gatilho.

- Hahahahaha! Não tens coragem né! Agora é pra valer!

E ele faz o mesmo movimento, sem sacar uma arma. Novamente senti a pressão do gatilho da minha MP5. De inopino, o Oficial negociador começa a gritar: "não é arma, não é arma!"

Imediatamente pulamos em cima e o algemamos. O que ele tinha nas costas era uma escova de cabelo. A arma do crime foi localizada mais tarde, escondida no sótão, com diversas munições. Essa condição de *fake suicide by cop*, quase me custou uma tremenda incomodação e o sucesso da operação.

Retornamos na manhã seguinte, de helicóptero. Lembro-me que após sermos deixados em um campo de futebol próximo ao BOPE, retornamos um trecho a pé com nosso equipamento, olhamos um ao outro com o êxtase do sentimento da missão cumprida e alguém disse: isso é operações especiais!

Aliás, não é incomum que CEC's do tipo mentalmente perturbados submetam familiares como reféns. Em janeiro de 2015, em Brusque, um homem de 41 anos também manteve seu próprio filho de oito anos refém, em sua residência. A ocorrência teve início quando a Polícia Militar foi acionada por vizinhos que denunciaram uma briga entre dois homens, na qual um ameaçava o outro com uma faca. Com a chegada dos policiais, o homem fugiu para dentro de casa levando seu filho como refém. Ele ameaçava matar a criança com uma faca e depois cometer suicídio. Após frustradas tentativas de negociação, decidimos executar a invasão tática resgatando a criança e prendendo o CEC com uso de *taser* e técnicas de mãos livres.

Em São Francisco do Sul, maio de 2018, um homem de 29 anos com diversas passagens pela polícia e histórico de uso de drogas, tornou refém a própria mãe, de 66 anos, ameaçando matá-la e cometer suicídio, além de provocar um vazamento de gás de cozinha no interior da residência. Neste caso, a equipe de negociação logrou êxito em uma rendição pacífica quando percebeu que o ponto de ancoragem do CEC era um tio pelo qual ele nutria profundo respeito e admiração. Bastou que o parente comparecesse e proferisse algumas palavras de apoio para que o homem se entregasse.

Figura 78 – Ocorrência com tomada de refém em São Francisco do Sul, 2018.

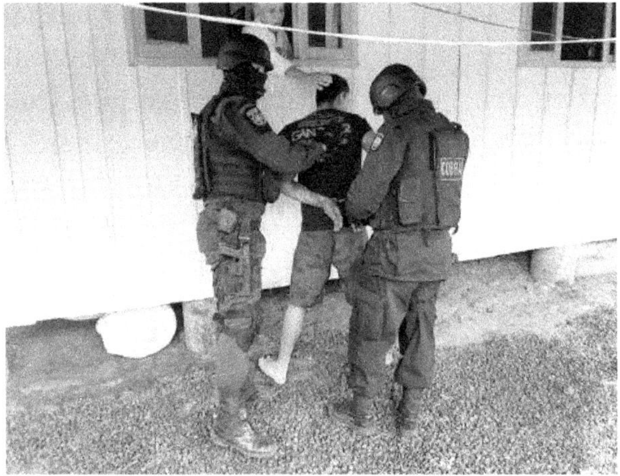

Fonte: arquivo pessoal.

Como a porta da casa estava embarricada, o CEC se rendeu pulando a janela. A figura 78 traz um emblemático registro do momento em que a equipe tática colocava as algemas no transgressor ao mesmo tempo em que sua mãe o acariciava na cabeça. Sob outro ponto de vista, era a vítima afagando o algoz.

5.2 NEGOCIAÇÃO: A RAINHA DAS ALTERNTIVAS TÁTICAS

Em uma sexta-feira pela manhã, por volta das 9h30min, recebi a ligação do Oficial Comandante do COBRA informando que uma ocorrência com tomada de refém estava confirmada e acontecendo na Penitenciária Sul, município de Criciúma:

- Major, acionamento do BOPE para ocorrência com refém na Penitenciária de Criciúma, equipes prontas.

- Hop Caveira, qual a situação?

- Dois agentes prisionais feitos de reféns. A arma utilizada é uma espingarda calibre 12 e granada dos servidores, com a possibilidade de haver uma pistola.

- Positivo, prepara o deslocamento, vou informar ao Comandante.

- Já está autorizado, Sr. O Comandante do Apoio Especializado ligou direto para o telefone do Oficial de Dia, autorizando deslocamento, inclusive com apoio do Batalhão de Aviação. Outra situação: preciso que o Sr atue como Negociador. Os negociadores do COBRA vão demorar um pouco para chegar na missão.

- Sem problema, estou indo para o BOPE. Caveira!

Quando recebi a ligação, estava preparado para ser o gerente da crise, em decorrência do meu posto e função, mas agora atuaria como negociador primário e os conhecimentos adquiridos na França, com o grupo *RAID* da Polícia Nacional, durante o *Négociation Cours,* seriam colocados em prática.

Eram 10h e já estávamos prontos no BOPE. O grupo precursor composto por um Oficial gerente de crise, um Oficial comandante de equipe tática e por mim, deslocaria de helicóptero, enquanto o resto do efetivo iria por terra. Chegamos na ocorrência em 35 minutos, excelente tempo-resposta, posto que a cidade de Criciúma fica a 200 km.

No local, estimo que havia mais de 300 policiais, somados os integrantes da polícia militar e da polícia penal. O cenário da primeira intervenção estava bem montado pelo Batalhão da área, com a crise contida, isolamentos realizados e o contato, sem concessões, de um Subtenente com os presos, com o intuito de acalmar os ânimos. De fato, o clima "estava quente" no início da ocorrência. O evento não foi uma rebelião planejada, ocorreu de maneira circunstancial, em que um apenado, aproveitando-se de um breve erro operacional do agente prisional foi rendido ao abrir e fechar uma porta. Ele e mais um colega foram usados como reféns. No confronto, dois policiais penais e um preso ficaram feridos.

As providências para o melhoramento e continuidade do gerenciamento de crises foram iniciadas. Fui até o ponto onde os presos rebelados detinham os reféns e me apresentei:

- Boa tarde! Sou Major Lucius, do BOPE, e estou aqui para

ajudar vocês.

- Quem é o Sr? – perguntou um preso.

- Sou Major Lucius, do BOPE. Qual o seu nome?

- Não vou dizer meu nome Sr.

- Ok então, guerreiro, posso te chamar de guerreiro?

- Pode ser.

No trabalho preliminar de levantamento de informações, o Subtenente, primeiro interventor, havia me informado que o tal preso "porta-voz" estava atendendo pelo codinome "guerreiro". Seguiu-se, então, o trabalho de estabilização da ocorrência e início das técnicas de negociação, com a aplicação de perguntas abertas, escuta ativa e a construção do vínculo de confiança (o *rapport*).

Figura 79 – Ponto crítico e desenvolvimento da negociação.

Fonte: arquivo pessoal.

A tipologia dos CEC's, como esperado, era a de criminosos profissionais. Cada um deles tinha mais de 90 anos de condenação, eram lideranças da maior facção criminosa de Santa Catarina, o PGC.

Alguns vídeos enviados pelos presos, com o uso de celulares dos agentes prisionais, circulavam nas mídias e redes sociais. Eles ostentavam a espingarda apreendida, granadas, "estoques" (objetos perfurantes artesanais), com palavras de ordem do tipo "é o PGC, porra!", "tudo 2", "é o Trem", além de convocar os "irmãos do mundão", criminosos faccionados que estão na rua, a agirem com atentados e em apoio à causa.

Os presos exigiam, para libertar os reféns e se entregarem, a presença da mídia, de um advogado de defesa, indicado por eles, de representantes dos direitos humanos e do juiz da Vara de Execução Penal. É evidente que essas não são as bases de um processo de negociação. Se as demandas forem atendidas sem contrapartida, ou seja, sem que receba "nada em troca", cria-se a sensação de empoderamento do CEC e este começa a oscilar entre os pedidos e objetivos. Além disso, é grande a possibilidade de um resultado inesperado.

Após 4 horas de negociação, acordamos que uma minuta com todas as reivindicações dos presos seria formalizada e assinada por dois advogados da OAB (Ordem dos Advogados do Brasil), representantes Comissão de Assuntos Prisionais e o advogado de defesa, indicado pelos presos. Assim, os presos entregaram as armas, liberaram os reféns e cumpriram o protocolo de rendição que havíamos informado. Estabilizada e segura, repassamos a Penitenciária aos cuidados da polícia penal.

Figura 80 – Penitenciária Sul dominada, após gerenciamento de crise.

Fonte: arquivo pessoal.

Ocorrência limpa e perfeita sob o olhar do gerenciamento de crise. Não foi necessário uso da força e evolução das alternativas táticas. Todas as vidas foram preservadas: reféns, policiais e criminosos. Por isso que a negociação é conhecida como a rainha das alternativas táticas, sempre será a primeira opção, pois o propósito é salvar vidas, independentemente do cenário. Na volta para casa, os três Oficiais precursores, que primeiro chegaram à ocorrência, seriam os últimos a voltar para a base, em decorrência das formalidades pós-incidente. Comemorávamos o êxito da operação e conversávamos o quão "viciante" é o sentimento da "missão cumprida".

5.3 CASOS DE SUICIDAS ARMADOS

Ocorrências que eventualmente demandam acionamento da equipe COBRA são as que envolvem suicidas em posse de arma de fogo ou arma branca, compreendendo cerca de 10 casos por ano. São situações que envolvem o grupo de operações especiais em razão da possibilidade de risco à integridade física de terceiros e dos policiais envolvidos. Quando não há o elemento "arma", a ocorrência é conduzida pelos policiais de área, com apoio do Bombeiro Militar nos casos que tenham altura, como prédios, pontes etc.

Das ocorrências que participei diretamente, todos os Causadores do Evento Crítico (CEC) possuíam a tipologia de mentalmente perturbado, alguns por problemas amorosos, outros por abstinência de drogas ou por problemas psiquiátricos como a depressão e a esquizofrenia. São ocorrências em que a única recompensa é salvar a vida de uma pessoa que quer se flagelar. Digo isso porque é comum que os próprios familiares não valorizem o salvamento, pois tais pessoas problemáticas costumam ser um "fardo" e contumazes na tentativa do suicídio. Até mesmo a imprensa não noticia algo relacionado a esse tipo de morte por acreditarem que o suicídio pode induzir o telespectador a fazer o mesmo.

Em abril de 2020, início da pandemia do COVID 19, fomos acionados pelo Sargento-Ronda do 7º BPM, município de São José, onde o BOPE também fica sediado, para uma ocorrência com mulher com características suicidas e em posse de faca. Chegamos no local, um prédio de quatro andares; o apartamento da CEC ficava no 3º andar. O perímetro estava bem isolado pelas guarnições de área e uma ambulância do SAMU também já estava de prontidão para atendimento. O apoio dessa equipe de emergência é fundamental, pois em 100% dos casos os CEC's não são presos, mas conduzidos para algum instituto de psiquiatria.

A mulher era uma Senhora, de 60 anos, que havia brigado com a filha, ameaçando-a com uma faca e cortando a si própria. Essa filha também morava em um daqueles apartamentos e explicou que a mãe, que já tinha histórico de problemas psiquiátricos, havia tido um surto e que não havia motivo aparente para a discussão. Diligenciamos com outros vizinhos para confirmar a veracidade da versão e todos confirmaram que essa senhora era encrenqueira e, eventualmente, enlouquecia.

De cada cinco contatos que o negociador realizava com a Senhora, em um ela mandava os policiais irem embora, afirmando que não precisava de nada; nos outros quatro, nem respondia. Passado algum tempo, ela não interagia mais, silêncio absoluto. Era a hora de evoluir com as alternativas táticas. Destaquei dois operadores do COBRA para uma ação vertical, partindo do teto do prédio até o 3º andar, com intuito de observar o interior do apartamento e, também, se havia alguma janela aberta, para a entrada. Nem uma coisa, nem outra, as janelas estavam trancadas e as cortinas fechadas. Ao mesmo tempo, tentamos "michar" a porta da frente, mas não conseguimos superar a fechadura tetra e a filha também não tinha as chaves. Antes de realizar a entrada mecânica com uso de aríete, tentamos novamente retomar as negociações, mas sem sucesso.

Figura 81 – Ação vertical executada em ocorrência de suicida armado, cidade de São José, 2020.

Fonte: arquivo pessoal.

Apesar de estar atuando como gerente da crise, fui voluntário para puxar a ponta na invasão tática, uma vez que a coluna estava desfalcada devido ao deslocamento dos operadores para as ações verticais. *Brifamos* a estratégia, combinando que, caso a Senhora estivesse de posse da faca, o escudeiro a prensaria e eu viria em seguida, com as mãos livres e meu “afiado jiu jitsu” para imobilizá-la. Caso necessário, um dos operadores estava com *taser* e na segurança.

Pronto, pronto, vai! O brecheiro conseguiu abrir a porta em um só golpe e lá no meio da sala estava uma senhorinha franzina, com um paninho de limpeza na mão e congelada, como se fosse uma estátua, ao ver aquela meia dúzia de brutamontes entrando no apartamento dela. Na verdade, nós nem invadimos o cômodo com aquela notória velocidade e verbalização, apenas caminhamos para conversar. Então, ela começou a chorar e questionar:

- Por que? Por que vocês estragaram o meu apartamentinho que eu amo tanto?

Era impossível não se sensibilizar com aquilo. Chamamos a filha e o SAMU para condução pacífica da Senhora, mas ao saber que iria para o instituto psiquiátrico, ficou transtornada. Precisou ser imobilizada na maca e medicada. A filha chorava descontroladamente e recebeu apoio do marido para acompanhar a ambulância. Nos voluntariamos para consertar a porta, mas a síndica se prontificou para o trabalho.

A invasão tática é muito impactante. Recordo-me de outra ocorrência em novembro de 2017, também em São José, quando um jovem, com abstinência de crack, portava duas facas e ameaçava primeiro matar quem entrasse na casa dele e, depois, cometer suicídio. Como prova disso, ele se cortava para demonstrar que estava falando sério. Na negociação, a sua exigência era a de que a sua mãe aparecesse para pedir desculpas a ele. Evidentemente, não apresentamos a mãe em razão do risco da "plateia para suicídio".

Como a negociação real não fluía, passamos para a negociação tática com o propósito de posicionar o CEC no lugar mais adequado para a invasão. Além da hostilidade do Causador, havia outra variável que era um cachorro pitbull que não saía do lado do seu dono e tinha o histórico de ser agressivo. A estratégia da invasão tática era o arrombamento mecânico da porta com aríete, verbalização, ataque com *taser* e imobilização. Se ineficaz, evoluiríamos para o uso de espingarda e elastômero. Um integrante da coluna ficou com a atribuição exclusiva de cuidar do cachorro, inclusive com a autorização de abater o cachorro, caso necessário. Resumo da ópera: na invasão, o *pitbull* fugiu voando para o banheiro, bastando trancar a porta. O CEC foi imobilizado e conduzido ao Instituto de Psiquiatria pelo SAMU.

5.4 DESATIVAÇÃO DE ARTEFATOS EXPLOSIVOS

Desativar artefatos explosivos foi a missão de operações policiais especiais que mais executei nos anos em que comandei o COBRA de 2012 a 2015. Era um período de alta nos incidentes que envolviam explosões de caixas eletrônicos. Se me perguntarem a quantidade de missões realizadas, não saberia precisar a resposta. Em média, atendíamos a mais de 30 ocorrências por ano, o que implica afirmar que são mais de cem ocorrências nesse histórico.

Cada plano de desativação é peculiar e circunstancial. Tudo depende da quantidade da carga explosiva, do posicionamento no ambiente e de quais ferramentas se dispõe para aproximação, remoção, desmontagem ou destruição.

No início, só tínhamos equipamentos improvisados. Atendíamos as ocorrências "no pelo", com capacete e escudo balístico, cordas e ganchos artesanais, além das contracargas de cordel detonante e petardos de TNT. A evolução tecnológica na nossa Unidade só ocorreu a partir de 2015, período em que a SSP do Estado realizou a entrega de aproximadamente um milhão de dólares em equipamentos importados peculiares às ocorrências com explosivos como traje antibomba, braço robótico, canhão disruptor, sistemas de cordas e ganchos, além de kits para varreduras. Mais tarde, recebemos outros equipamentos da SENASP, dos quais um robô para intervenções remotas era o item mais importante.

Alguns atendimentos eram casos de simulacros de bomba, usados com objetivo de atrapalhar rotinas em escolas ou universidades, audiências em fóruns ou câmara de vereadores, shoppings centers, portos etc. Lembro-me de uma estranha caixa abandonada em frente ao *Ferry Boat* da cidade de Itajaí, com diversos objetos luminosos e a descrição "Allahu Akbar" (Alá é Maior). Brincadeira de mal gosto realizada dias após os ataques terroristas em Paris. Em outra ocorrência, um vereador de Florianópolis acreditando ter uma bomba plantada embaixo do tanque de combustível do seu carro, acionou o

BOPE para resolver o seu problema. Tratava-se, na verdade, de um rastreador deixado pela sua esposa. Até no quartel do 63º Batalhão de Infantaria do Exército fomos acionados para remover e desativar uma granada de morteiro que havia sido deixada na entrada principal da Unidade. Apesar de estar pintada na cor verde-oliva, a granada estava inerte e deveria ser objeto de instrução.

Das ocorrências "valendo", nosso principal ofício era com as emulsões encartuchadas de nitrato de amônio e acessórios de detonação. Em fevereiro de 2013, fomos acionados para manipular 700 quilos de explosivos armazenados em um casario centenário a cinco quilômetros da cidade de Ibirama. Os explosivos estavam misturados em um pequeno cômodo. Caixas de emulsões, rolos de cordel detonante, rolos de estopim, caixas de espoleta, ou seja, uma enorme bomba aguardando qualquer centelha para ser detonada. Uma eventual explosão criaria um raio mortal de até 100 metros, lançando fragmentos que poderiam alcançar 700 metros.

Nosso primeiro trabalho foi separar detonadores, reforçadores e cargas principais para ambientes diferentes. Com o apoio do 13º BPM, levamos os explosivos a um suposto lugar seguro, uma pedreira desativada, indicada por um Oficial da minha turma que servia nessa Unidade. A imprensa local acompanhou a equipe para registrar algumas imagens. Feitos os cálculos das distâncias de segurança, montamos o primeiro trem de fogo, com 25 quilogramas de emulsão. A ideia era analisar a eficiência daqueles explosivos, com a possibilidade de dobrarmos a carga para 50 quilogramas. Com a explosão, foi possível ver repórteres e alguns policiais "caindo sentado" com o susto decorrente da onda de choque. Passamos para a montagem do segundo trem, quando toca meu telefone:

- Lucius, cancela a explosão! Tem casas tremendo perto daqui – disse o Oficial do 13º BPM assustado.

- Mas não disseste que aqui era uma pedreira desativada? – perguntei.

- Sim, mas têm casas em áreas de invasão, propriedade da pedreira.

- Porra, só agora que tu me avisas! – respondi, reclamando.

Cancelamos as explosões e solicitei que passássemos no local onde estavam as casas irregulares. Quando chegamos, era cachorro latindo e criança chorando. Explicamos a situação e continuamos as detonações no dia seguinte, em uma pedreira ativada.

No caso de pedreira ativada, em abril de 2018, fomos acionados para recolher explosivos apreendidos pelo Exército durante uma fiscalização que ocorreu na região Sul do Estado, cerca de 325 quilos de emulsão encartuchada e cordéis detonantes. Para a realização do Parecer Técnico, documento no qual certificamos a capacidade de causar danos e a eficiência dos explosivos, decidimos montar apenas um trem de explosão com o material a céu aberto, sem enterrá-los, para registro dos efeitos. O local da detonação foi uma pedreira em funcionamento na cidade de Biguaçu. O fenômeno foi surpreendente.

Figura 82 – Desativação de 325 quilos de emulsão encartuchada e cordéis detonantes, Biguaçu, 2018.

Fonte: arquivo pessoal.

Os efeitos da explosão são violentos e irreversíveis. Por isso a periculosidade da atividade, que exige atenção e respeito de quem os opera. É por isso que dentre as máximas dos técnicos explosivistas policiais, as mais importantes são: "a distância é a maior segurança"; e , "com explosivos só se erra uma vez".

5.5 SANTA CECÍLIA – UMA ABENÇOADA OCORRÊNCIA

Era final de janeiro de 2020, eu estava respondendo pelo comando do BOPE pelo fato de o Comandante estar em gozo de férias. O Capitão e os Sargentos Comandantes da Companhia COBRA, os integrantes da recém resgatada agência de inteligência do BOPE e eu fomos até a cidade de Blumenau para uma reunião com integrantes do GAECO[24], com intuito de discutirmos estratégias operacionais para combater um roubo no estilo Novo Cangaço que estaria para acontecer em alguma cidade do Planalto Serrano.

Preliminarmente, um Tenente Coronel integrante do GAECO e outro Tenente Coronel integrante da Agência Central de Inteligência da PMSC receberam a mim e o Capitão do COBRA em uma pequena sala e começaram a transmitir as informações levantadas. Era uma grande investigação com pessoas rastreadas, mandados de prisão, busca e apreensão que seriam expedidos, janela de datas de quando o roubo pudesse acontecer, um sítio onde os criminosos se reuniriam após o assalto e a cidade alvo: Santa Cecília.

Para um bom operador, é a dita ocorrência filé mignon. Até seria, se não fosse pelo trauma que vivi em 2017 com uma missão confusa no litoral norte de Santa Catarina onde, em um cenário semelhante, eu comandava a equipe de intervenção do BOPE quando aconteceu um assalto em uma agência do Banco do Brasil. A ocorrência foi truncada, com a participação desorganizada de muitas guarnições policiais e que resultou na morte de três pessoas. Os reflexos jurídicos e administrativos desta ocorrência me fizeram passar pelos piores momentos da minha carreira.

O Oficial do GAECO de Blumenau deixou claro que dessa vez a estratégia, coordenação e emprego operacional ficariam sob responsabilidade exclusiva do BOPE. Saí da sala com "olhos de Mônica",

24 Grupo de Atuação Especial de Combate ao Crime Organizado (Gaeco) é um órgão do Ministério Público de SC responsável por investigações, atividades de combate e ações penais relacionadas ao crime organizado

reuni-me com os Caveiras, repassei as informações e passamos a discutir hipóteses. Eu estava decidido a impedir o acontecimento do roubo naquela região, pois poderia gerar efeitos colaterais diversos, principalmente em pessoas inocentes. Entretanto, um movimento precipitado das nossas equipes poria meses de investigação por água abaixo, já que esses criminosos são extremamente "escamados" e qualquer rotina diferente é motivo para eles cancelarem a ação. Além disso, Santa Cecília já havia sido refém desse tipo de crime em outras oportunidades e a comunidade estava aterrorizada. Participamos nas buscas destes roubos, mas sem sucesso.

Retornando a Florianópolis, fiz algumas ligações informando aos escalões superiores da provável operação. Dias depois, recebi a mensagem de que os alvos já estavam se movimentando e que o roubo iria acontecer. Acionei quase todo o efetivo operacional do BOPE no Batalhão e realizei o *briefing* da missão, resumido em duas hipóteses, como segue.

- hipótese 1: a informação de que o sítio seria ponto de encontro após o crime me levou a acreditar que também poderia ser o local de reunião do pré-crime, pois deduzi que eles não viajariam centenas de quilômetros e chegariam de maneira sincronizada para o roubo. Para ter essa certeza, lançaríamos uma dupla de snipers para se infiltrarem na mata, observar e informar a situação.

- hipótese 2: não sendo o sítio o local de encontro pré-crime, a equipe de intervenção atuaria tão logo percebêssemos a chegada dos criminosos. Um cerco seria simultaneamente montado por equipes da COE e PPT's dos Batalhões, nas principais rotas de fuga. Essa, porém, era a hipótese que eu não gostaria que acontecesse.

Viajamos à noite e com destinos diferentes, para não levantar suspeitas. Na primeira hora da manhã, as equipes do BOPE já estavam posicionadas no local idealizado e os demais apoios como helicópteros, viaturas e outras equipes, somente após o meu comando, pois outros mandados de busca seriam cumpridos. Agora era a hora de esperar a movimentação dos criminosos ou a confirmação dos *snipers*...

A comunicação é um dos maiores problemas que enfrentamos nesse tipo de missão, principalmente em pequenas cidades onde quase não existe sinal de internet móvel, somente em pontos de *wi fi*. Além disso, a comunicação via rádio da Polícia Militar também é precária nesses lugares e é sempre "copiada" pelos criminosos com aparelhos trazidos do Paraguai. Nesse caso, safamos nossa pane com aparelhos que transmitem mensagens *sms* via satélite, mas que devem ser pré-programadas e com somente três opções. As mensagens eram: sim, não e SOS. Se sim, era o sinal de que os criminosos se reuniram no sítio e deslocaríamos a equipe COBRA de intervenção. Se não, eles não haviam ido para o sítio. SOS era o pedido "P11" (apoio urgente) aos nossos *snipers*.

Eis que "plim", recebo o *sms* "sim". Operação iniciada, equipe de intervenção autorizada para a invasão tática no sítio, perímetro de cerco montado, sobrevoo dos helicópteros para o ponto crítico. Da ação, cinco pessoas foram presas e duas foram neutralizadas em confronto com a equipe. Um deles, o líder do bando, se evadiu para um matagal ferido, pois havia marcas de sangue nos rastros, e entrou em confronto armado com a equipe após dois dias de rastreamento. Armas longas e curtas de calibres diversos, munições, coletes balísticos, radiocomunicadores, aparelhos celulares, dinheiro e máscaras de palhaço foram apreendidos.

Em conversa mais tarde com os *snipers*, fomos informados que à medida que os criminosos chegavam no sítio, encenavam a ação do roubo, inclusive apontando as armas longas como se estivessem colocando reféns em posição de submissão.

Figura 83 - Foto realizada ao final do 1º dia de operação em Santa Cecília, 2020.

Fonte: arquivo pessoal.

Missão cumprida. A operação durou cerca de cinco dias ininterruptos, desde a preparação até o encerramento. O mais recompensador era como a sociedade local nos aplaudia. Homens, mulheres e crianças batiam palmas quando nossa viatura passava pela rua. Nos restaurantes e cafés da cidade, os proprietários nunca nos deixavam pagar a conta. Onde estivéssemos, as pessoas vinham nos agradecer e, eventualmente, pediam para tirar foto conosco. Isso foi algo que encheu meu coração de orgulho por ser policial militar, mesmo arriscando a própria vida e a de meus companheiros nessas missões de alto risco.

5.6 O MAIOR ROUBO DA HISTÓRIA DE SC

Criciúma é uma daquelas ocorrências em que você se pergunta se realmente está acordado ou se está tendo um pesadelo. Lembro-me de estar em casa por volta da meia-noite em 30/11/20, me preparando para dormir, quando toca o telefone e no outro lado da linha é um Tenente do 9º BPM, amigo de longa data, que já havia trabalhado comigo há alguns anos no 16º BPM (Palhoça) como Soldado e que, desesperadamente, começa a solicitar:

- Major, Major, chama o BOPE! Estão atacando a cidade de Criciúma, muitos tiros no quartel, informação de policial baleado...

Ao fundo da ligação era possível ouvir o barulho de muitos e explosões, como se uma televisão estivesse ligada em um filme de guerra, desses do Rambo. Pensei que se tratava de uma brincadeira, comecei a rir e respondi:

- Para, Guerreiro, tá de sacanagem, porra!

- É sério Major, se for mentira pode me prender. Traz o BOPE, o COBRA, atacaram o quartel e agora estão roubando o Banco do Brasil. De onde eu moro, é possível ver a movimentação deles. Estão em muitos!

- Ok, amigo, fica calmo! Vou mobilizar o BOPE. Continue observando e me mantenha informado.

Não demorou muito para que outras mensagens e diversos vídeos começassem a "pipocar" nos grupos de *whatsapp*. Fiz algumas ligações ao mesmo tempo que me deslocava para o BOPE. Preparamos duas equipes COBRA e uma equipe COE. Na medida em que as informações chegavam, tomávamos conhecimento da dimensão da empreitada criminosa. Vídeos com muitos criminosos atirando a esmo, inclusive com armas de calibre .50 (que nem nós temos); explosões que faziam a cidade tremer; tomada de reféns e disposição das pessoas como escudo humano; comboio com diversos veículos dos criminosos etc. A estimativa era de cerca de 30 criminosos na cena, com segurança de perímetro e todos portando fuzil. Como parte do plano, atearam fogo em um caminhão na BR 101 próximo à cidade de Criciúma e distribuíram "miguelitos" ao longo da pista, com intuito de engarrafar o trânsito, furar os pneus dos carros que ali transitavam e retardar ainda mais a chegada das nossas equipes que se deslocavam a partir da Grande Florianópolis.

Levamos aproximadamente 1h50min para chegar a Criciúma. A informação era de que os criminosos haviam se evadido organizadamente em comboio, fazia 10 minutos. Os poucos policiais que se via nas ruas estavam acuados, desembarcados das viaturas e abrigados (para não dizer escondidos) em instalações que ficavam há poucos quilômetros da agência do Banco do Brasil. Mais tarde tomei conhecimento de que este alvo não era uma agência qualquer, mas um centro regional de distribuição financeira. Nossas equipes foram as primeiras a chegarem ao local. Desembarcamos antes e progredimos em conduta de patrulha urbana para verificação do perímetro, quando tive minha primeira surpresa...

Civis corriam desesperadamente em nossa direção dizendo que havia bombas armadas. Foi quando nos deparamos com dois artefatos explosivos improvisados deixados em uma praça. Eu nunca tinha me deparado com esse tipo de carga. Era uma caixa de ferro artesanal lacrada, contendo na parte frontal um receptor com luzes piscando. Analisei o cenário e algumas pessoas circulavam pelas ruas, alguns curiosos, outros eram aproveitadores recolhendo dinheiro do chão ou saqueando as lojas que tiveram o vidro quebrado. O local estava caótico e uma eventual explosão daqueles explosivos certamente mataria muitas pessoas. Passei a analisar a carga e percebi que se tratava de um artefato explosivo improvisado com sistema de iniciação elétrico e que poderia ser acionado remotamente. Visualmente, era possível deduzir que a espoleta detonadora passava pela frente da caixa e que o corte do fio condutor poderia interromper o trem de explosão, desativando a bomba.

Tomei a decisão de iniciar o procedimento de desmontagem da bomba, classificando-a como "Categoria A", com base na doutrina nacional de desativação de artefatos explosivos, pois o caso de uma eventual explosão poria risco direto à vida das pessoas. Iniciei a intervenção manual cortando um fio laranja que se conectava à espoleta e desmontando, em seguida, os demais objetos. É sempre uma manobra muito arriscada, pois somente o construtor da bomba improvisada tem conhecimento do seu sistema de funcionamento e a presença de alguma "armadilha" poderia resultar na explosão e morte certa de quem estivesse no raio de 8 metros do epicentro. Se explodisse, eu certamente morreria, ainda assim atuei consciente de que aquela era a minha missão e caso tombasse seria no cumprimento dela.

Além disso, a forma mais adequada dessa intervenção manual demandaria o uso de um *jammer* (embaralhador de sinal) e um aparelho raio-x portátil para visualização dos componentes, mas o BOPE não possuía nenhum desses equipamentos. Logo após desmontar a segunda bomba, alguns civis sinalizaram a presença de uma terceira bomba deixada em uma rua paralela, a poucos metros dali. Executei o mesmo procedimento, pois todos os artefatos tinham a mesma lógica.

Figura 84 – Desmontagem manual das bombas deixadas pelos criminosos, em perímetro de segurança, com o objetivo único de matar ou ferir policiais e transeuntes no caso de explosão.

Fonte: arquivo pessoal.

Os artefatos explosivos improvisados (*IED – Improvised Explosive Device*) empregados pelos criminosos são chamados na comunidade policial como "metalon". Do tipo "*pipe bomb*" (bombas tubo), são caixas de aço artesanalmente soldadas que servem como contenedor (invólucro) para a emulsão de nitrato amônio, típico explosivo utilizado pela indústria civil para o desmonte de rochas.

Na sequência, um integrante da equipe COBRA me informou que em frente ao banco havia uma carga enorme de metalons e que o local estava sendo isolado pela Polícia Civil. Fui conferir a quantidade e o posicionamento dos explosivos para iniciarmos um plano de desativação com a chegada do Grupo Antibombas do BOPE. Nos preocupamos basicamente em remover os sistemas de iniciação das cargas explosivas, sendo possível constatar outra grande novidade: algumas bombas tinham o gatilho em sistema remoto, que poderia ser acionado por meio de aparelho celular. Uma eventual explosão daqueles aproximados 200 quilos de explosivos teria um raio mortal de 31 metros e fragmentação de objetos que poderiam alcançar 600 metros. Todos os explosivos foram removidos e detonados em local ermo e seguro.

Figura 85 – Remoção dos artefatos explosivos deixados em frente à agência do Banco do Brasil.

Fonte: arquivo pessoal.

Analisando as imagens da agência, verificamos que o grupo criminoso não levava mais do que 5 minutos para romper cada porta blindada e acessar a casa forte (cofre). Tratava-se de um trabalho coordenado de emprego de lança térmica para um corte pontual no obstáculo, colocação e acionamento do metalon, explodindo a porta. Guardadas as devidas proporções, era um trabalho semelhante ao que os criminosos já vinham realizando para explosão de caixas eletrônicos, com o uso de pé de cabra e emulsão encartuchada.

Resolvido o problema dos explosivos, pudemos focar a atenção na perseguição dos criminosos. Reorganizamos as equipes na sede do 9º BPM e quando lá chegamos o cenário era de guerra. Caminhão incendiado em frente ao quartel, um metalon com acionamento por celular deixado no portão de entrada, muitas paredes perfuradas por disparos de arma de fogo, vidros quebrados, mobílias danificadas, além do semblante de morte estampado no rosto dos policiais.

Figura 86 – Veículo incendiado na entrada do 9º BPM.

Fonte: arquivo pessoal.

A esta altura, o Subcomandante Geral da PMSC se encontrava na missão e passou a coordenar o emprego operacional do efetivo policial militar. Sinceramente, não tínhamos absolutamente nada, nenhuma pista. A primeira impressão era a de que havia ocorrido um crime perfeito, audaz, meticulosamente planejado e executado. Não foi à toa que o fato ganhou repercussão na mídia nacional e internacional, noticiado no The New York Times, CNN, BBC e já era considerado o maior roubo da história catarinense.

Os criminosos haviam fugido organizadamente em comboio do local do roubo com luxuosos veículos blindados, que foram localizados, abandonados na manhã seguinte em um milharal na cidade de Nova Veneza. Algumas hipóteses surgiram, como fuga por um rio próximo ou a utilização de avião, isso porque não havia rastros, como se eles tivessem abandonado os veículos e evaporado. As equipes de rastreamento do COBRA localizaram marcas de pneu de um caminhão e em um comércio distante dali, foi possível captar a imagem de um veículo suspeito e, assim, passamos a acreditar nessa única pista. Tal método foi diferente do que comumente era realizado por criminosos em ocorrências de Novo Cangaço. A praxe era incendiar os veículos abandonados, trocar por outros de fuga e dispersar em direções diferentes.

Muitas guarnições policiais militares se envolveram nessa busca por câmeras residenciais ou comerciais com a finalidade de localizar o itinerário do caminhão suspeito. Era semelhante a buscar uma agulha no palheiro. Dificilmente encontrávamos câmeras com um bom posicionamento, quando isso ocorria, a dúvida era se ela estava em funcionamento e se conseguiríamos acessar as imagens. No início era uma hipótese, mas que foi tomando corpo à medida em que localizávamos novas imagens do veículo suspeito, principalmente em rotas escusas, com claros desvios das estradas principais.

Passamos para o Estado do Rio Grande do Sul, em uma perseguição com mais de 150 quilômetros, sem ao menos conseguir o número da placa desse caminhão. Chegando na cidade de Três Cachoeiras, algo improvável aconteceu: ao analisar as imagens junto com uma dupla de Brigadianos da agência de inteligência do RS, visualizamos que o "nosso" caminhão havia entrado em um desvio que estava em obras e que se encontrava sem saída, ao invés de seguir poucos metros em frente e acessar a BR 101. Duas horas depois, o caminhão volta pela mesma saída, mas com os eixos levantados, aparentando estar descarregado. Quando vi as imagens, tive um choque de adrenalina. Tinha certeza de que algo havia lá, com a possibilidade de encontrarmos toda ou parte da organização criminosa. Eufórico, liguei para o Subcomandante Geral:

- Comandante, estou com um palpite forte no Rio Grande do Sul. Preciso de autorização e recursos para executar uma operação policial.

- Autorizado. Quais recursos você precisa? Perguntou ele.

- A ideia é executar um pente fino na primeira luz do dia, a partir das 5h. Agora são 23h, preciso de dois ou três PPT's para colaborarem no cerco durante a noite, um helicóptero para sobrevoo quando iniciarmos a operação e contato com o Comando da Brigada Militar para autorizar a participação do BOPE-RS e de outros Brigadianos do Batalhão da área.

- Será feito. Boa sorte na missão! Respondeu o Comandante.

Reuni todo o efetivo do COBRA que ainda estava na operação e mais quatro Cateanos da COE que estavam exemplarmente trabalhando comigo, totalizando 20 operadores. Fomos para uma pequena base policial, distante alguns quilômetros, para aliviar o equipamento, "descansar" um pouco e retomar a operação. Sem cerimônia, nos deitamos onde podíamos, a maioria ficou pelo chão. Nada demais, aliás, estávamos secos e sem fome, já havíamos enfrentado coisas piores em nosso curso.

Mais tarde, chegaram à base 6 Caveiras do Rio Grande do Sul. Abracei um a um e confesso que engoli o choro ao ver meus irmãos do gelo. Parecia um episódio do meu Curso de Operações Especiais de 2011, quando a equipe GATE resgatou o meu turno de um certo evento. Ombreando comigo estavam os melhores operadores de SC, tínhamos plenas condições de enfrentar aquela organização criminosa, só que agora seria do nosso jeito. E ao ver os Caveiras do Gelo, me senti invencível.

Alvorada, *briefing* realizado, nos deslocamos para a missão. Basicamente verificaríamos casa por casa no perímetro da área alvo. Os poucos moradores eram muitos solícitos e colaboraram com nosso trabalho. À medida que progredíamos, as informações canalizavam para uma residência suspeita, onde as pessoas supostamente realizavam o comércio de banana, atividade muito comum na região. Batendo palma na frente da casa, apareceu um homem que congelou ao nos ver. O tirocínio policial indicava que havia algo errado. Durante a checagem, um dos Caveiras abriu uma sacola que continha poucas munições, dinheiro rasgado e um "despretensioso" controle remoto com uma etiqueta cuja caligrafia era idêntica aos manuscritos que também etiquetavam os receptores das bombas que eu havia desativado. Ao constatar isso, não tive dúvidas e dei voz de prisão.

Vasculhamos a casa e encontramos muitos vestígios. Vários aparelhos celulares, dinheiro rasgado, roupas utilizadas no crime, curativos com sangue indicando que alguém estava ferido, um veículo, comida, garrafas de água e colchões. Em um primeiro momento fiquei frustrado, pois esperava enfrentar parte do grupo, apreender armas e o dinheiro roubado. Mas estávamos há dois dias "atrasados" e teríamos um novo ponto de partida.

Figura 87 – Foto realizada na cidade de Três Cachoeiras – RS.

Fonte: arquivo pessoal.

Quando noticiada a prisão, o local e os vestígios encontrados, recebi muitas mensagens de agradecimento dos policiais militares pela perseverança, isto não tem preço. Essa ação derivou em mais prisões e identificação de outros suspeitos, mas poucos dias depois as diligências por parte da Polícia Militar foram encerradas por conta da competência de polícia judiciária da Polícia Civil. Essa é uma crítica que faço questão registrar: o sistema bipartido das polícias estaduais, em polícia de ordem pública e polícia judiciária, no qual a Polícia Militar é impossibilitada de realizar o ciclo completo de polícia, especialmente nesses crimes de grave perturbação da ordem pública, é um desserviço para a sociedade. Estávamos no terreno há dias, caçando esses criminosos, sentimos o "cheiro do ladrão", tínhamos condições de continuar na missão e realizar mais prisões, mas nossas mãos foram atadas e fomos forçados a parar de trabalhar, sob pena de sermos punidos judicialmente por usurpação de função pública, abuso de autoridade ou desobediência.

5.7 A PATRULHA URBANA

A patrulha urbana, também conhecida por policiamento ostensivo a pé ou progressão em área de favela, vermelha ou de risco, é o ofício mais comum do BOPE. Em qualquer dia da semana ou horário, uma patrulha urbana sempre "rende". Mesmo que não se prenda ninguém ou nada se apreenda, algo sempre se aprende, seja para afinar o entrosamento da equipe, testar uma forma de aproximação para "ganhar" o olheiro do morro, analisar a movimentação das "bocas de fumo" e assim por diante.

A doutrina classifica a patrulha urbana em dois tipos: de reconhecimento e de combate. A patrulha de reconhecimento é aquela que ocorre com a finalidade de conhecer um ambiente, analisar vias de acesso, plotar determinado ponto, compreender a rotina de determinada área de risco. Já a patrulha de combate, tem fim específico de busca, apreensão, prisão ou inquietação das facções criminosas com a presença do BOPE no local.

As equipes do BOPE de Santa Catarina trabalham noites e dias patrulhando, sendo comum encerrar um turno de serviço sem apresentar qualquer alteração. A regra quando o BOPE chega nesses ambientes é o que chamamos de "barata-voa", os olheiros denunciam a presença da unidade com gritos ou foguetes e os traficantes desaparecem em um passe de mágica. É uma verdadeira briga de gato e rato. Por outro lado, não são tão esporádicos os casos que uma patrulha despretensiosa resulte em intensas trocas de tiro com os marginais, que, a cada dia, estão mais dispostos em enfrentar os policiais, principalmente adolescentes que buscam elevação e prestígio no mundo das facções criminosas.

Qualquer veterano da Unidade, em uma conversa informal, trará diversos casos complexos de incursões planejadas com o objetivo de apreender armas ou drogas, face à periculosidade dessas ações. Toda ação policial que resulte em prisão ou morte em confronto armado é apurada em sede de inquérito policial e enviada ao Ministério Público, o qual solicita arquivamento ou oferece denúncia para que o fato seja processado e julgado pelo juízo competente.

6 CONSIDERAÇÕES FINAIS

A história apresenta diversos exemplos de guerreiros de elite, traduzidos naqueles que demonstravam aptidão ao combate, escolhidos por meio de seleção adequada e educados conforme os costumes de cada povo. Espartanos, romanos, cavaleiros templários, vikings, samurais e ninjas são clássicas "máquinas de guerra", pessoas com capacidade de luta fora do comum para a respectiva época. Um olhar acurado em diferentes tempos e culturas tranquilamente detectará outros modelos.

A Segunda Guerra Mundial é considerada o marco das operações especiais modernas em razão dos feitos dos Comandos britânicos e sua sistematização seletiva realizada no Castelo de Achnacarry, na Escócia. A partir de então, as operações especiais passaram a ser institucionalizadas nas Forças Armadas das principais nações. Descendentes dos Comandos, os SAS são a atual elite das Forças Armadas britânicas e serviram de inspiração aos *Special Forces* do Exército dos EUA. Em 1942, os *Rangers* foram formados após voluntários norte-americanos se engajarem em um treinamento com os Comandos britânicos.

A cronologia britânica e norte-americana é propositadamente mencionada porque tais doutrinas foram basilares para as operações especiais brasileiras. Em 1961, um grupo de militares formados no Curso de Operações Especiais foram aos EUA para obter conhecimentos sobre o emprego dos *Rangers* e *Special Forces*, com o projeto de adequá-los ao Exército Brasileiro. Em 1972, o Exército Brasileiro realizou um Estágio de Ações de Comandos, com policiais militares integrantes de um grupo de operações especiais criado pela Secretaria de Segurança Pública carioca. Esta formação foi um dos pilares do BOPE do Rio de Janeiro.

Criado em 1991, a origem do BOPE-RJ advém do Núcleo da Companhia de Operações Especiais (NuCOE), formado em 1978. Neste ano, também ocorre a realização do 1º Curso de Operações Especiais (COEsp) e, em 1980, é criado o mítico símbolo da Unidade: a Caveira. A criação de valores próprios, o processo seletivo ordenado em fundamentos rigorosos e as missões de alto risco na esfera da segurança pública, compõem o arcabouço doutrinário das operações policiais especiais. No Brasil, as unidades policiais militares especiais se espelharam no padrão desenvolvido pelo Rio de Janeiro, incorporando doutrina, treinamento, seleção e emprego operacional, conforme as demandas criminais e peculiaridades regionais de cada Estado. Nessa linha, surgem em Santa Catarina as genuínas operações policiais especiais com a realização do 1º COEsp catarinense, em 1995, coordenado por três Oficiais formados no BOPE-RJ. Como resultado, o Grupo COBRA (Comando de Operações Busca Resgate e Assalto) é fundado, tendo como efetivo os 14 policiais militares que concluíram a seleção.

Do SAS aos Caveiras Cobra, todas as Unidades de operações especiais fundadas em "base comandos" têm rigoroso processo de recrutamento, no qual os candidatos treinam até a exaustão e são levados aos limites de suas mentes e corpos. Do total de ingressantes, o percentual de aprovação varia de 10% a 30%, dependendo da "safra" dos voluntários. O objetivo é nobre: selecionar os mais aptos para o cumprimento de missões de alto risco.

Parafraseando o cientista francês Lavoisier (1743 – 1794), "nada se cria, nada se perde, tudo se transforma", o sistema de seleção dos Caveiras não foi inventado da noite para o dia. É um ritual que tem resultado final nas atividades policiais militares, mas é derivado da formação dos Comandos da Forças Armadas brasileiras que, por sua vez, se inspiram no modelo americano. Estes, beberam da fonte dos Comandos britânicos, multiplicadores doutrinários do dever-ser das forças especiais no mundo ocidental. Noutro turno, os ingleses também não inventaram a roda, inspiraram-se na capacidade de resistência dos *Komanndos* africanos em combater na desproporção de 1 para 10, valendo-se de mobilidade e conhecimento do terreno. Tudo está interligado.

A "Matrix", batizada como o "tempo e o espaço" em que o aluno está no COEsp, tem elementos tradicionais desde Achnacarry, como a obrigatoriedade em carregar uma mochila de 20 quilos e arma longa individual, infinitas marchas, pouco descanso e alimentação, rotinas matinais de inspeção do equipamento, exercícios realistas, além do senso de humor dos instrutores em arrancar a última gota de suor dos candidatos e eliminar os "fracos", que passam a jazer em um figurado cemitério. Por essa razão, o voluntariado é regra de ouro aos neófitos a operações especiais. Qualquer um, a qualquer tempo pode desistir da severidade do curso, bastando solicitar desligamento e badalar um simbólico sino que acompanha o turno diuturnamente.

Habilitar-se para um Curso de Operações Especiais é algo que compreende o íntimo de cada indivíduo em verdadeiramente querer se tornar um Caveira, ser vocacionado e estar disposto a pagar o preço por isso. A preparação para o curso e a esperança de chegar ao sonhado final, envolve aspectos psicológicos, físicos e técnicos. Raríssimos são os casos em que o aluno completa a etapa com uma dessas valências comprometidas. O candidato deve estar focado, livre de problemas pessoais ou familiares, com excepcional condicionamento físico e se familiarizar o máximo possível com as disciplinas do programa de ensino. Uma vez aprovado, passa a ter seu nome imortalizado junto à Galeria dos Caveiras e a compor uma fraternidade que é desejo de muitos, mas privilégio de poucos.

O próximo passo é respirar a ideologia das operações especiais, com uma vida fundada em honra, espírito de corpo e evolução pessoal. Corresponde a um ciclo de operar em Unidade OE e facear ocorrências de alto risco, treinar continuamente para aperfeiçoar o conhecimento e exercer a docência. O Caveira é como um leão, o rei da selva. Há diversos outros animais de muito prestígio, como o elefante, tigre, urso, crocodilo, águia etc., mas o leão é o rei. Na esfera policial, há muitos operacionais de respeito, mas Caveira é Caveira, simplesmente o rei da selva. No entanto, um Caveira deve ser Caveira entre os Caveiras, leão entre leões, isto é, deve dedicar a maior parte de sua carreira como integrante de equipe de operações especiais, labutando junto aos seus pares pelo engrandecimento da doutrina e prestígio da Unidade em que serve. É comemorar as vitórias e administrar as derrotas, pois nem tudo são louros. Um Caveira que não foi operador é um OE incompleto e, em não pertencendo mais ao Batalhão, deve seguir uma vida de retidão e de colaboração, ainda que indireta, às operações policiais especiais.

As missões reais de operações policiais especiais compreendem os incidentes de grave perturbação da ordem pública ou casos cujos resultados constituem situações de alto risco à integridade física dos policiais militares ou a outras pessoas envolvidas, a exemplo de ocorrências com tomada de reféns, suicidas armados, artefatos explosivos, contraterrorismo, combate ao crime organizado e ao narcotráfico.

Merecem destaque os crimes intitulados pela comunidade policial como Novo Cangaço, que vêm sendo alvo de discussão no Congresso Federal para intitular a modalidade como Domínio de Cidades. Tal empreitada criminosa é caracterizada pela organização e extrema afronta ao Estado por parte dos criminosos; eles sitiam cidades, subjugam as forças policiais locais, atiram a esmo com armas de grosso calibre, explodem instalações financeiras, roubam grandes valores, submetem reféns como escudo humano, incendeiam veículos, trazem pânico e caos à sociedade. A fatídica ocorrência de Criciúma em 1/12/2020, o maior roubo de Santa Catarina e um dos maiores do Brasil, é um trágico exemplo desse evento delitivo, fato que fundamenta por si só a existência de unidades de operações policiais especiais.

As experiências pessoais descritas no capítulo final evidenciam a estratégia, a perseverança e a necessidade de se continuar raciocinando mesmo em situações de elevado estresse, valências que são detectadas durante o curso de operações especiais e aperfeiçoadas após seu final. Já ouvi colegas dizendo que há policiais que são bons em ocorrências críticas sem serem formados em COEsp, isso é possível? Sim, mas é muito provável também que tais missões transcorreram conforme planejamento. Que bastou o emprego de superioridade numérica, valendo-se de antecipação, efeito surpresa, armas e equipamentos de poderio superior. Não acredito, sinceramente, que tais casos necessitaram de extrema coragem ou de resistência para alta performance em algo que tenha fugido do controle. Se o processo seletivo não fosse necessário, bastando escolher os "bons", *Green Berets*, Rangers, SAS e o mundo inteiro estaria errado.

REFERÊNCIAS BIBLIOGRÁFICAS

AKHAVAN, Jacqueline. **The chemistry of explosives**. 2. ed. Uk: Rsc Paperbacks, 2004.

ALVES, Leonardo M. **Ensaios e Notas**: A alegoria da caverna. 2016 Disponível em: https://ensaiosenotas.com/2016/03/21/a-alegoria-da-caverna/. Acesso em: 21 jul. 2021.

BÍBLIA. **Antigo e Novo Testamento**. 2. ed. Barueri: Sociedade Bíblica do Brasil. 2009.

BRASIL. **Constituição da República Federativa do Brasil de 1988.** 1988. Disponível em: http://www.planalto.gov.br/ccivil_03/constituicao/constituicao.htm. Acesso em: 2 mai. 2021.

BRITANNICA, Encyclopedia. **Battle of France: World War II [1940].** Disponível em: https://www.britannica.com/event/Battle-of-France-World-War-II. Acesso em: 21 jul. 2021.

CARVALHO, Lucius P. **A competência do BOPE para o atendimento de bombas e explosivos em SC**. Florianópolis: UDESC, 2016. 125 p. Trabalho de conclusão (especialização) - Programa de Pós-Graduação em Administração, Universidade do Estado de Santa Catarina, Florianópolis, 2016.

CAWTHORNE, Nigel. **Os 100 maiores líderes militares da história**. Rio de Janeiro: Record, 2010.

CLAUSEWITZ, Carl Von. **Da guerra**. 3. ed. São Paulo: Martins Fontes, 2010.

DENÉCÉ, Éric. **A história secreta das forças especiais**. São Paulo: Larousse do Brasil, 2009.

DUNNIGAN, James F. **Ações de comandos**: operações especiais, comandos e o futuro da guerra dos EUA. Rio de Janeiro: Biblioteca do Exército, 2008

DUARTE, Albinésio da Silva. **Por que os sinos batem?** O sucesso e o fracasso no II Curso de Operações Especiais da PMPA/2016. Artigo apresentado à Academia de Polícia Militar para obtenção do grau de Especialista em Defesa Social, Instituto de Ensino de Segurança do Pará, Marituba, 2017.

EBC, Empresa Brasil de Comunicação. **Observatório Sírio dos Direitos Humanos.** Guerra já deixou ao menos 300 mil mortos na Síria, diz ONG de direitos humanos. 2016. Disponível em: https://agenciabrasil.ebc.com.br/internacional/noticia/2016-09/guerra-ja-deixou-ao-menos-300-mil-mortos-na-siria-diz-ong-de-direitos. Acesso em: 16 mai. 2021.

ESTADÃO. **Morre PM que sofreu traumatismo durante treinamentos.** 2003. Disponível em: https://brasil.estadao.com.br/noticias/geral,morre-pm-que-sofreu-traumatismo-durante-treinamentos,20030126p4707. Acesso em: 11 mai. 2021.

EXÉRCITO BRASILEIRO. **Curso de Ações de Comandos**. 2020. Disponível em: http://www.ciopesp.eb.mil.br/en/curso-de-acoes-de-comandos.html. Acesso em: 2 mai. 2021.

EXÉRCITO BRASILEIRO. **"Faca na caveira": muitos tentam, mas poucos conseguem conquistar o "gorro preto" e ser um "comandos"**. 2018. Disponível em: https://www.eb.mil.br/web/noticias/noticiario-do-exercito/-/asset_publisher/MjaG93KcunQI/content/-faca-na-caveira-muitos-tentam-mas-poucos-conseguem-conquistar-o-gorro-preto-e-ser-um-comandos-. Acesso em: 2 mai. 2021.

FLAMENT, Marc. **Os comandos**. Paris: Ulisseia, 1974.

FORÇA AÉREA BRASILEIRA. **Quem são os pastores?** PARA-SAR 50 amos. 2013. Disponível em: https://www.fab.mil.br/noticias/mostra/17249#:~:text=O%20militar%20que%20atinge%20o,o%20t%C3%ADtulo%20de%20%E2%80%9CPastor%E2%80%9D. Acesso em: 2 mai. 2021.

FORUM BRASILEIRO DE SEGURANÇA PÚBLLICA. **Anuário Brasileiro de Segurança Pública**. 2021. Disponível em: https://forumseguranca.org.br/anuario-brasileiro-seguranca-publica/. Acesso em: 15 jul. 2021.

GARCIA, Marcelo. **História das operações militares e policiais**. Porto Alegre: Corag, 2011.

GOLEMAN, Daniel. **Inteligência emocional**: a teoria revolucionária que redefine o que é ser inteligente. Rio de Janeiro: Objetiva, 2011. Edição do Kindle.

GROSSMAN, Dave. **Matar!** Um estudo sobre o ato de matar. Rio de Janeiro: Biblioteca do Exército, 2007.

GUARDIA CIVIL, Dirección General de La. Servicio de Desativación de Explosivos y Defensa N.R.B.Q. **Manual De Artefactos Explosivos Improvisados**. Espanha, Valdemoro: 2016.

G1. **Quatro PMs passam mal durante teste de aptidão para curso especial**. Policiais tiveram sintomas de náusea quando faziam corrida de 10 km. Eles participavam de avaliação em Lauro de Freitas e foram para hospitais. 2013. Disponível em: http://g1.globo.com/bahia/noticia/2013/12/quatro-pms-passam-mal-durante-teste-de-aptidao-para-curso-especial.html. Acesso em: 11 mai. 2021.

G1. **Soldado da PM morre durante treinamento do Bope em Piraí**. 2021. Disponível em: https://g1.globo.com/rj/sul-do-rio-costa-verde/noticia/2021/07/10/soldado-da-pm-morre-durante-treinamento-do-bope-em-pirai.ghtml. Acesso em: 21 jul. 2021.

G1. **Soldado da PM que passou mal em curso do Bope na BA é enterrado com honras militares**; família doou órgãos. Sepultamento foi realizado no cemitério Bosque da Paz, em Salvador, nesta quinta-feira (2). Militar teve morte cerebral. 2018. Disponível em: https://g1.globo.com/ba/bahia/noticia/2018/08/02/soldado-da-pm-que-ficou-6-dias-internado-apos-passar-mal-em-curso-do-bope-na-ba-e-enterrado-familia-doou-orgaos.ghtml. Acesso em: 11 mai. 2021.

HANEY, Eric L. **Inside Delta Force**: the story of america's elite counterterrorist unit. New York: Delacorte Press, 2006.

LEÃO, Delfim Ferreira; FERREIRA, José Ribeiro; FIALHO, Maria do Céu. **Cidadania e Paideia na Grécia Antiga**. 2 ed. rev. Coimbra: Simões & Linhares, Ltda. 2010.

LOS ANGELES POLICE DEPARTMENT. **S.W.A.T - Special Weapons And Tactics.** 2021. Disponível em: https://www.lapdonline.org/inside_the_lapd/content_basic_view/. Acesso em: 15 jul. 2021.

MARSHALL, Maurice; OXLEY, Jimmie C. **Aspects of Explosives Detection**. UK: Elsevier, 2009.

MCNAB, Chris. **The SAS training manual**: how to get fit enough to pass a special forces selection course (SAS and elite forces guide). Amber Books Ltd. Edição do Kindle, 2014.

MCRAVEN, William H. **Spec Ops**: Case Studies in Special Operations Warfare: Theory and Practice. CA: Presidio Press, 1995.

MIRROR. **Boris Johnson compared to Winston Churchill at his most impetuous and ignorant.** 2019. Disponível em:https://www.mirror.co.uk/news/politics/boris-johnson-compared-winston-churchill-20070836. Acesso em: 21 jul. 2021.

O GLOBO. **PM morto em curso de operações especiais teve desidratação e hipotermia.** Policial morreu após passar mal durante um exercício dentro de uma mata. 2018. Disponível em:https://oglobo.globo.com/rio/pm-morto-em-curso-de-operacoes-especiais-teve-desidratacao-hipotermia-23266878. Acesso em: 11 mai. 2021.

ÖSTENBERG, Ida. **Veni vidi vici and caesar's triumph**. The Classical Quarterly. 2013. Disponível em: https://www.cambridge.org/core/journals/classical-quarterly/article/veni-vidi-vici-and-caesars-triumph/2EA3991576722595B28F33D54D8BAB9B. Acesso em: 2 mai. 2021.

PICANO, Janes J.; WILLIANS, Thomas J.; ROLAND, Robert R. Assessment and Selection of High-Risk Operational Personnel. In: KENNEDY, Carrie H; ZILLMER, Eric A. (Ed.). **Military Psychology**: clinical and operational applications, 2009. p. 353-370.

PINHEIRO, Álvaro de Souza. Apresentação. Rio de Janeiro, 2008. p. 7-53. In: DUNNIGAN, James F. **Ações de comandos**: operações especiais, comandos e o futuro da guerra dos EUA. Rio de Janeiro: Biblioteca do Exército, 2008.

PMSC, Polícia Militar de Santa Catarina. **Diretriz de Procedimento Permanente nº 042/2014/CMDOG, de 2014**: emprego do Batalhão de Operações Policiais Especiais - BOPE. PMSC. Florianópolis, SC, 2014.

PMSC, Polícia Militar de Santa Catarina. **Manual de educação física da Polícia Militar de Santa Catarina**. Departamento de Educação Física e Desportos. Florianópolis: DIOESC, 2013.

PMSC, Polícia Militar de Santa Catarina. **VIII Curso de Operações Especiais de Santa Catarina**: doutrina de operações policiais especiais. **Cursos de operações especiais e um breve histórico das Caveiras do Brasil**. Trabalho de campo dos discentes. São José. 2019. 91 slides. Apresentação em Power-point.

R7. **Soldado morre afogado durante curso da Polícia Militar em SP.** Policial militar de 26 anos participava de uma aula aquática do curso de operações especiais. PM diz que as causas do acidente ainda são analisadas. 2018. Disponível em: https://noticias.r7.com/sao-paulo/soldado-morre-afogado-durante-curso-da-policia-militar-em-sp-02112018. Acesso em: 11 mai. 2021.

STORANI, Paulo. **Vitória sobre a morte: a glória prometida**. O "rito de passagem" na construção da identidade dos Operações Especiais do BOPE. Rio de Janeiro: UFF, 2008. 170 p. Dissertação (mestrado) – Programa de Pós-Graduação em Antropologia, Universidade Federal Fluminense, Rio de Janeiro, 2008.

SUN TZU. **A arte da guerra**. São Paulo: Évora, 2011.

TRIBUNA DO NORTE. **Policial Militar morre após passar mal durante treinamento para o BOPE.** 2019. Disponível em: http://www.tribunadonorte.com.br/noticia/policial-militar-morre-apa-s-passar-mal-durante-treinamento-para-o-bope/457364. Acesso em: 11 mai. 2021.

VICENTE, Rafael. **A atividade de inteligência da Polícia Militar de Santa Catarina no combate ao crime organizado**. Florianópolis: UDESC, 2017. 85 p. Trabalho de conclusão (especialização) - Centro de Administração e Socioeconômicas. Universidade do Estado de Santa Catarina, Florianópolis, 2017.

WARFARE HISTORY. **Leading the Way: William Orlando Darby's Rangers in World War II: The U.S. Army Rangers tackled some of the toughest missions of World War II and became combat legends.** 2017. Disponível em: https://warfarehistorynetwork.com/2017/04/12/leading-the-way-william-orlando-darbys-rangers-world-war-ii/. Acesso em: 21 jul. 2021.

YOUNG, Peter. **Comandos os soldados-fantasmas**: história ilustrada da 2ª Guerra Mundial, tropas 4. Rio de Janeiro: Renes Ltda, 1975.

GLOSSÁRIO - CONCEITOS

Ação de Comandos Policial: incursões ou captura de criminosos, em locais de difícil acesso ou dominados por eles, por meio de vias não convencionais.

Ação Direta Policial: ação de impacto, pontual, específica, cirúrgica, de curta duração, para restauração da ordem pública em crimes graves.

Bomba: engenho construído com o intuito de causar danos, lesões ou mortes e que podem ser fabricados com material explosivo, inflamável, agentes QBRN (químico, biológico, radiológico ou nuclear) ou de forma mista. Classificam-se internacionalmente em dois tipos: EOD (*Explosive Ordnance Disposal*) - artefatos explosivos industrializados e IED (*Improvised Explosive Device*) - artefatos explosivos improvisados.

BOPE: Batalhão de Operações Policiais Especiais. Nome que designa a Unidade de elite da maioria das Polícias Militares.

Caveira: operador formado em Curso de Operações Especiais (COEsp), conduzido pelas Polícias Militares ou Forças Armadas do Brasil. Entre as instituições policiais militares é a maior graduação operacional. O nome decorre do mítico distintivo que representa o curso, cujo crânio humano é o principal símbolo heráldico.

Caveira Cobra: policial concludente do Curso de Operações Especiais de Santa Catarina.

Caveira do Gelo: policial concludente do Curso de Operações Especiais do Rio Grande do Sul.

Causador do Evento Crítico – CEC: indivíduo que dá causa a uma crise, podendo fazê-lo pelas mais variadas motivações. De forma simplificada, classificando-se em mentalmente perturbado, criminoso profissional ou terrorista.

COBRA: Comando de Operações Busca Resgate e Assalto. Grupo de operações especiais policias do BOPE de SC, é formado exclusivamente por operadores Caveiras.

Comandos Policial: base ideológica do processo seletivo policial fundado em intenso desgaste físico e psicológico, com intuito de recrutar os policiais mais aptos para atender ocorrências de alto risco, de modo não convencional, no campo da segurança pública.

Crise: situação crucial, que exige resposta especial da polícia, a fim de conseguir uma solução aceitável, conforme os aspectos legais, éticos e morais vigentes.

Curso de Operações Especiais – COEsp: na segurança pública, é um curso de natureza policial militar que seleciona e adestra efetivo para o cumprimento de missões de alto risco. É o formal rito de passagem ao operador que deseja se tornar um Caveira.

Explosivo: substância capaz de fornecer, através de uma reação química extremamente veloz, um grande volume de gases, elevadas temperaturas e ondas de pressão.

Equipe tática: grupo de policiais militares especializados para o atendimento de ocorrências de alto risco.

Facção Criminosa: grande grupo de pessoas habilmente articuladas, com líderes e níveis hierárquicos bem definidos, com o propósito de cometer crimes e subsistir dele.

Gerenciamento de Crises: consiste na aplicação dos recursos necessários para identificar, prevenir ou reprimir a prática de atos ilegais na resolução de uma crise.

Negociador: policial responsável em coletar informações da crise e utilizar as técnicas de negociação para liberação dos reféns e rendição pacífica do Causador do Evento Crítico.

Novo Cangaço ou Domínio de Cidades: *modus operandi* de organizações criminosas estruturalmente ordenadas, especializadas em roubos a instituições financeiras, cujo fim é a prática de crime contra o patrimônio, com uso de violência, emprego de armas de grosso calibre, explosivos, rendição das forças de segurança públicas e privadas, tomada de reféns, escudo humano, bloqueio de vias etc.

Operações policiais especiais: é o conjunto doutrinário que compreende o processo de seleção de pessoal, treinamento, emprego e missões que exigem uma resposta especializada a graves perturbações da ordem pública, com intuito de salvar vidas e aplicar a lei em observância às premissas de um Estado Democrático de Direito.

PGC: Primeiro Grupo Catarinense, maior facção criminosa de Santa Catarina. Identifica-se, também, pelas siglas "Tudo 2", "É o trem" e "16.7.3" (ordem das letras PGC no alfabeto).

Rabdomiólise: síndrome grave que se desenvolve quando há uma lesão muscular seguida da necrose do tecido, que faz com que as substâncias intracelulares sejam liberadas no sangue, provocando danos ao organismo, sobretudo aos rins. Rabdo = estriada, mio = musculatura e lise = destruição.

Sniper policial: integrante das forças policiais com a atribuição de executar o tiro de comprometimento dentre as alternativas táticas. Também realiza as missões de observador avançado, atividade de inteligência e segurança da equipe tática.

Suicide by cop: suicídio provocado por policial. É a situação na qual um indivíduo apresenta determinado comportamento com a intenção de provocar o uso de força letal por parte do policial militar.

Suicídio: ato em que o indivíduo põe fim a sua própria vida de maneira intencional.

Superioridade relativa: condição em que uma força de ataque menor obtém vantagem decisiva sobre um inimigo maior ou bem defendido.

Trem de explosão: arranjamento dos explosivos em uma relação de sensibilidade e potência.

GLOSSÁRIO II - VOCABULÁRIO MILITAR

Aduchar: vedar e armazenar adequadamente os materiais do enxoval.

Aluno profissional: aluno com histórico bem-sucedido em outros treinamentos operacionais e que cumpre as atividades do COEsp com mais facilidade que os demais.

Amoitar: esconder-se. Moita é o sujeito escondido, que não aparece.

Barata-voa: correria. Também representa grupo de pessoas em fuga desordenada.

Bater o sino: ritual que simboliza a desistência do aluno no COEsp.

Bisonho: pessoa atrapalhada.

Bizu: dica de ouro. Algo muito importante.

Brabeza: determinada ação executada com muita disposição, porém pouca técnica.

Canga: dupla de alunos.

Canção militar: canções diversas entoadas durante a movimentação coordenada do turno, conduzidas por um "puxador" e repetidas pelos demais alunos.

Chof: ordem ao aluno para que mergulhe e cubra o corpo inteiro de água.

Coco seco: pessoa com dificuldade de raciocínio.

Colar as placas: parar de raciocinar. Ficar estático.

Completa: grupo de exercícios físicos que corresponde a 10 apoios de frente sobre o solo, 10 polichinelos e 10 abdominais.

Coordenação: equipe responsável pela condução do Curso de Operações Policiais Especiais. Compreende o diretor, coordenador, instrutores e monitores do curso.

Curso de ralo: treinamentos operacionais com desgaste físico e atividades extraclasse.

Desligamento: ato de saída voluntária ou retirada compulsória do aluno de COEsp.

Dia longo: dia com muitas atividades, sem previsão de horário para acabar.

Enxoval: lista de materiais que devem ser providenciadas pelo aluno para realização do COEsp.

Estrangeiro: candidato que não é integrante da Polícia Militar anfitriã do Curso de Operações Especiais.

Jangal: condição adversa.

Manual do Aluno: documento que formaliza as regras, condutas, avaliações, atividades complementares, desligamentos, dentre outras prescrições, do Curso de Operações Especiais.

Matrix: termo que define o espaço de tempo em que o aluno de COEsp está aos cuidados da Coordenação.

Olhos de Mônica: momento em que o aluno parece assustado, de olhos arregalados.

Papirão: sujeito estudioso. Papiro é uma espécie de papel antigo, inventado pelos egípcios.

Paqueto: técnica em que os alunos, pelo contato, esquentam uns aos outros pela temperatura corporal.

Peruação: ação que sugere alguém que deseja ficar em evidência.

QTS: Quadro de Trabalho Semanal. Correspondente ao planejamento e cumprimento das atividades curriculares e extracurriculares do COEsp.

Safo: Pessoa inteligente, perspicaz. O mesmo que "desenrolado".

TAF: Teste de Aptidão Física. Prova de caráter eliminatório e classificatório que avalia a condição física do candidato.

Turno: grupo total de alunos em curso.

Xerife: é o aluno comandante do turno.

ANEXO I
ORAÇÃO DAS FORÇAS ESPECIAIS E ORAÇÃO DA CAVEIRA

Oraião das Forias Especiais

Ó Poderoso Deus!
Que és o autor da liberdade e o campeão dos oprimidos,
Escutai a nossa prece!
Nós, os homens das Forças Especiais
Reconhecemos a nossa dependência no Senhor
Na preservação da liberdade humana.
Estejais conosco,
Quando procurarmos defender os indefesos
E libertar os escravizados.
Possamos sempre lembrar,
Que nossa nação, cujo lema é: Ordem e Progresso,
Espera que cumpramos com nosso dever,
Por nós próprios, com honra,
E que nunca envergonhemos a nossa fé, nossas famílias ou nossos camaradas,
Dai-nos sabedoria da tua mente,
A coragem de seu coração,
A força de seus braços
E a proteção das suas mãos.
É pelo Senhor que nós combatemos
E a ti pertence os louros por nossa vitória.
Pois Teu é o Reino, o Poder e a Glória para sempre, amém.
Operações Especiais!
Caveira!

Oraião da Caveira

Só peço a ti meu Deus,
Não me deixe perecer.
Sou guerreiro combatente, numa luta para valer.
Nunca temo o oponente, com certeza vou vencer.
Sou homem da selva valente,
Domino o meu habitat,
Vou e volto no mesmo passo,
Nunca temo mal algum,
Pois tenho a Caveira no braço
O que não é para qualquer um.
Aos Deuses dos combatentes,
Da crença dos mais descrentes,
Só faço a ti um pedido:
Dai-me força para lutar,
Solidão para me acompanhar,
Sofrimento para aprender,
Capacidade para planejar,
Energia para me refazer,
Ousadia para emboscar
E um inimigo para vencer.
Caveira!

ANEXO II
UM DISTINTO DEPOIMENTO

Depoimento publicado em rede social pelo Major Felipe Costa Santos Rocha – Caveira do Gelo 07 - à época Subcomandante do BOPE da Brigada Militar do Rio Grande do Sul, após participar das operações integradas de repressão ao roubo ocorrido na cidade de Criciúma, em 1/12/20. O testemunho viralizou na comunidade policial pela emoção das palavras:

"Quarta-feira à noite, deslocamos para apoiar o BOPE SC, no interior de Morrinhos, área litorânea do RS. Eles vieram monitorando o percurso do caminhão da fuga. Chegamos por volta das 2h, já na madrugada de quinta-feira. As equipes do BOPE estavam descansando para operar conosco, ao amanhecer. Quando abri a porta do quartel da Brigada Militar em Morrinhos, um prédio pequeno, vi guerreiros dormindo no chão, com a farda (sem saco de dormir ou colchões), colete e armamento ao lado do corpo. Outros deitados em cima de cadeiras alinhadas. Alguns poderiam dizer que já dormiram em condições piores. Mas ressalto que eles estão operando desde segunda-feira à noite, continuadamente. Alvorada às 4h30min. Os caras acordaram vibrando e prontos. Briefing da missão. Atuamos, localizamos o alvo, prendemos e produzimos inteligência em decorrência daquela ação. A equipe de OE produziu inteligência para a sequência das ações. Enquanto nós íamos para Porto Alegre, conduzindo o preso, vi os operadores embarcando em aeronave e viaturas para continuar a caçada em SC. Seguiram viagem. À noite, deram cana em mais um, agora em Blumenau. Escrevi ontem que o BOPE deu aula. Complemento: está dando. Orgulho de ver uma Tropa de OE operando OE na sua essência verdadeira. Sei que outras já o fizeram. Mas destaco o BOPE de SC porque vi o semblante de cada um, seu espírito estampado no olhar de cada guerreiro. Os Caveiras ainda não pararam, não voltaram pra casa, talvez nem tenham tomado um banho ainda. Estão pela missão, pelo resultado e por responder aquilo que eles consideram o pior crime de SC. Estou aprendendo muito com eles.

Gostaria de registrar esse texto, porque está uma guerra de vaidades entre instituições.

Mas o BOPE está simplesmente operando. Caindo para dentro e querendo quebrar todos os malas. Essa é a essência dos que são de verdade e que serão lembrados pelos seus feitos. O resto... bom, o resto são os fanfarrões, vaidosos e covardes que nunca bateram de frente com a verdadeira face do crime.

CAVEIRA!".

ANEXO III - ENXOVAL DO VIII COESP DE SC - 2019

ITEM	1. MATERIAIS INICIAIS OBRIGATÓRIOS	QTD
1	Kit anotação	1
2	Kit camuflagem	1
3	Kit higiene	1
4	Kit manutenção de armamento	1
5	Kit manutenção de coturno	1
6	Kit manutenção de fardamento e equipamento	1
7	Kit primeiros socorros	1
8	Kit sobrevivência	1
9	Algemas com chave	1
10	Apito na cor preta	1
11	Balaclava com abertura frontal única, na cor preta, em malha/kevlar/nomex	2
12	Bandoleira na cor preta	1
13	Blusa de lã ou pullover liso na cor preta (sem detalhes)	1
14	Bobina de saco plástico transparente descartável 03 litros (100 unidades)	1
15	Bússola (opcional)	1
16	Cabo solteiro - 6m x 12mm na cor preta	1
17	Calça camuflada modelo urbano PMSC (PPT)	2
18	Calção Educação Física na cor preta (sem detalhes)	1
19	Camiseta de malha na cor preta (sem detalhes)	2
20	Canivete multifunção	1
21	Cantil plástico na cor preta com caneco em alumínio	1
22	Chinelos de dedo na cor preta (par)	1
23	Cinto de nylon na cor preta com fivela na cor preta	1
24	Cinto operacional na cor preta	1
25	Cobertura tipo bico de pato (boné) na cor preta	2
26	Coldre de perna em cordura (ou similar) na cor preta	1
27	Colete balístico com capa na cor preta (sem detalhes)	1
28	Colete tático na cor preta	1
29	Conjunto de talheres (garfo, faca, colher)	1
30	Conjunto paisano completo	1
31	Cordelete - 7mm x 2m	1

32	Coturno na cor preta	1
33	Facão 14 polegadas - com bainha na cor preta	1
34	Fita isolante na cor preta 5m	2
35	Fita Silver Tape 5m	2
36	Gandola camuflada modelo urbano PMSC (PPT)	2
37	Isolante térmico	1
38	Joelheira tática na cor preta	1
39	Lanterna tática com pilhas	1
40	Lona plástica na cor preta - 2m x 2m	1
41	Lona plástica na cor preta - 4m x 4m	1
42	Luvas de vaqueta com reforço, cano curto - par	1
43	Luvas táticas na cor preta - par	1
44	Manta aluminizada de emergência (aprox. 2,10m x 1,40m)	5
45	Manta ou cobertor escuro	1
46	Marmita modelo militar em alumínio	1
47	Meias na cor branca - par (sem detalhes)	2
48	Meias na cor preta - par (sem detalhes)	2
49	Mochila de campanha na cor preta	1
50	Pistola calibre .40 com três carregadores	1
51	Porta cantil na cor preta	1
52	Porta carregadores para pistola (duplo compartimento)	1
53	Protetor bucal	1
54	Reidratante oral	10
55	Retinida na cor preta - 4mm x 10m	1
56	Saco de dormir (opcional)	1
57	Saco de viagem (VO ou similar)	1
58	Sinalizador químico - "Cialume" - tamanhos diversos	10
59	Sunga na cor preta (sem detalhes)	2
60	Tênis de corrida	1
61	Tinta spray na cor preto fosco (uso geral)	1

ITEM	2. MATERIAIS DE USO AO LONGO DO EVENTO	QTD
1	Coldre de perna em polímero na cor preta	1
2	Máscara de mergulho com snorkel - cor preta	1
3	Nadadeiras de borracha na cor preta (par)	1
4	Óculos de natação	1
5	Quimono na cor branca ou azul - com faixa	1
6	Roupa de neoprene longa	1
7	Roupas civis adicionais	1
8	Tesoura ponta romba APH Tático	1
9	Touca de natação em lycra na cor preta	1

APOIO CULTURAL

ACADEMIA DE LETRAS DOS MILITARES ESTADUAIS DE SANTA CATARINA (ALMESC) - A Academia de Letras dos Militares Estaduais de Santa Catarina, pessoa jurídica de direito privado, entidade autônoma, livre e democrática, com fins não econômicos e de duração ilimitada, é constituída de escritores policiais e bombeiros militares que se dedicam ao estudo e publicação de obras que espelham a Filosofia e a Técnica Científica na área de Segurança Pública, na área de Bombeiro Militar, resgate da História da Corporação e seus vultos e o fazer literário de maneira geral nas suas áreas essenciais de conto, poesia, crônica ensaio, crítica literária e romance. (Estatuto)

ASSOCIAÇÃO DE OFICIAIS DA POLÍCIA MILITAR E DO CORPO DE BOMBEIROS MILITAR DE SANTA CATARINA, Capitão Osmar Romão da Silva – ACORS é uma instituição sem fins econômicos, apartidária, de caráter civil, com tempo de duração indeterminado, com personalidade jurídica própria, sede e foro na cidade de Florianópolis/SC. (Estatuto)

www.ingramcontent.com/pod-product-compliance
Ingram Content Group UK Ltd.
Pitfield, Milton Keynes, MK11 3LW, UK
UKHW022026190726
13853UKWH00005B/2125

9 786500 229950